AF313082

Portrait de Gigoux, d'après le tableau de Muiszech. Musée de Besançon.

JEAN GIGOUX

SA VIE

SES ŒUVRES, SES COLLECTIONS

PAR A. ESTIGNARD

Illustré de 22 Phototypies

DE LA MAISON DELAGRANGE A BESANÇON

BESANÇON

TYPOGRAPHIE & LITHOGRAPHIE DELAGRANGE-LOUYS
49, Rue Bersot, 49

1895

JEAN GIGOUX

I

Dans le vieux Besançon, au commencement
du siècle, existait, sur l'ancienne place dite des
Maréchaux, un modeste atelier de maréchalerie,
devant lequel s'étendait un auvent construit en
planches et qui servait d'abri aux chevaux amenés
au ferrage. Au premier étage de la vieille maison
noire et enfumée était le logement du maréchal
ferrant.

C'est là que vint au monde, le 6 septembre
1806, le peintre qui devait plus tard se faire un
nom célèbre et honorer notre ville par son talent,
Jean-François Gigoux. L'art aime souvent à
choisir ses prédestinés dans les plus humbles
demeures, et la pauvreté a été la dure institutrice

de la plupart des artistes. Plus d'une fois les dif-
ficultés matérielles paraissant devoir étouffer une
vocation en ont été, au contraire, le meilleur
auxiliaire.

Le nom donné à la place, la vétusté, le déla-
brement de la construction, indiquaient qu'une
longue série de maréchaux ferrants s'étaient succédé dans cet atelier. Avait-il été occupé par des
familles successives ? La dynastie des Gigoux en
avait-elle eu le monopole ? L'histoire ne le dit pas.

Aujourd'hui on ne reconnaîtrait plus les lieux
que nous venons de décrire. La boutique, l'auvent, ont disparu. Le nom de place des Maréchaux
n'existe même plus et a été remplacé par celui de
Jean Gigoux, aimable flatterie envers le peintre
dont nous essayons d'esquisser la vie et les
travaux.

Le maréchal ferrant ne pouvait prévoir ni les
aptitudes de son fils ni la renommée à laquelle
il devait parvenir ; son ambition se bornait à lui
apprendre à ferrer magistralement un cheval
comme il le faisait lui-même, et nul doute qu'il
n'y eût réussi sans l'intervention imprévue du
démon de l'art qui vint se jeter à la traverse.
A quinze ans, Jean Gigoux négligeait chaque jour
davantage la profession de son père pour suivre

les cours de dessin de la ville, et s'occuper acti-
vement de peinture. Il était encouragé dans cette
voie par un ami de son âge auprès duquel se
passa toute la première partie de sa vie de peintre,
et qui aspirait comme lui au titre d'artiste : nous
avons nommé Gabriel Laviron.

Beaucoup plus instruit que Gigoux, ayant fait
de bonnes études, intelligent et surtout d'un
dévouement absolu, Laviron eut une influence
considérable sur ses premiers travaux. Peintre
lui-même, ayant des notions d'architecture, et
sur l'art des connaissances théoriques étrangères
à Gigoux, il lui était utile par ses conseils, par
son empressement à le servir, par sa disposition à
l'admirer et nous pourrions même dire à lui obéir.
Il était pour lui un auxiliaire, un guide précieux.
Ce que l'un ne pouvait comprendre faute de cul-
ture intellectuelle, l'autre le savait et en faisait
profiter son ami. Mais si l'un était mieux doué,
l'autre avait une énergie, une volonté de réussir,
une âpreté au travail qui manquaient absolument
au premier. Laviron subissait l'influence de
Gigoux, il n'avait personnellement aucune initia-
tive : il était alors ce qu'il est demeuré, un
bohème, jusqu'au jour où au siège de Rome en
1849, la capitulation déjà signée, mais non encore

connue dans les tranchées, il fut tué d'une balle
française.

Le professeur de la ville en réputation à Besançon, quand Gigoux et Laviron commencèrent,
était Flajoulot, grand vieillard maigre et osseux,
vivant sous le coup d'un enthousiasme chronique
et se livrant avec des gestes d'énergumène, à des
démonstrations passionnées en l'honneur de l'art.
Dans son atelier était en permanence un chevalet
portant un tableau ébauché, jamais fini, mais lui
servant à décrire les merveilles qu'il allait y faire
éclore. Ce type de comédien a complètement disparu, parce qu'il ne serait pas pris au sérieux de
nos jours comme il l'était alors. Flajoulot se disait
élève de David. Pas de peintre qui, sous le premier
empire, ne se prétendit le disciple de ce chef d'école.
En réalité, il n'avait produit que de rares peintures, des tableaux religieux sans mérite, ce que
démontrent trop quelques toiles égarées dans des
églises à Besançon et dans les environs.

Gigoux et Laviron devinrent ses élèves, comme
plus tard Édouard Baille. Mais les deux insépara-
bles eurent vite épuisé la science d'un pareil
maître et gagnèrent Paris. Là il fallait vivre, et on
avait cent cinquante francs pour toute fortune
Gigoux va nous dire quelles ressources le soute-

naient : « A présent, écrit-il à Weiss le 28 avril 1828, je lithographie des têtes d'études qui ont été calquées sur les tableaux de Raphaël à Rome, c'est un ouvrage très considérable ; j'en ai peut-être deux cents à faire, et elles me seront payées bien exactement ; ne croyez pas que je vais les faire toutes ; sitôt que j'aurai quelque argent, je reprendrai mes chers pinceaux. Je ne fais pas rien que cela, je travaille pour les marchands de tableaux ; je fais, le soir, quelques dessins en sépia qui me sont aussitôt achetés ; je fais aussi deux ou trois petites peintures à l'huile sur commande. »

Un jour il entreprend une lithographie d'une dimension exceptionnelle, et quand sa pierre est bien finie, il va la proposer à l'éditeur Dauty. Celui-ci examine longuement son ouvrage et finit par lui dire :

« Cette pierre me convient beaucoup mais je ne puis vous la payer plus de trois cents francs. »

Gigoux accepte ; avec enthousiasme il aurait accepté trente francs.

Il travaille en même temps pour Ricourt le directeur de l'*Artiste*.

Le voilà riche, le voilà le plus heureux des hommes ; il s'est acquis des ressources dont il veut profiter pour étudier sur nature : « Je partirai le

1 5 ou le 20 mai, écrit-il le 30 avril de cette même
année, pour faire des marines le long des rochers
du Calvados, et je pourrai voir la mer et l'admirer
jusque dans ses moindres reflets. » Trois mois
après, il racontera ses impressions sous une forme
un peu enfantine en ces termes : « Je suis de
retour de Normandie d hier 25. Je suis parti à
pied avec Laviron, j'ai passé par Rouen, j'ai vu la
superbe Jumièges, Saint-Wandrille, le château
d'Harcourt ; je suis allé au Havre, j'ai fait la tra-
versée de Honfleur et suis demeuré fort longtemps
en mer, à cause du gros temps, c'était admirable ;
j'ai vu les plus étranges pavillons.....; de Honfleur
j'ai suivi les côtes, j'ai peint, j'ai dessiné, enfin je
me suis donné une idée de la mer ; j'espère en
conserver longtemps le souvenir. »

Les voyages ne l'empêchent pas de continuer
ses travaux : il reproduit en lithographie des
tableaux de Lawrence, de Regnault, de Raphaël,
de Franquelin, de Duval Le Camus, des paysages
des environs de Besançon, une vue de la citadelle,
de la source de la Loue, d'un moulin sur les bords
du Doubs ; il rêve la réputation : « Outre mes
travaux ordinaires, je vais, pour me faire un nom
dans la lithographie, entreprendre deux paysages
historiques d'une belle dimension et d'après un

bon maître ; on me permet de porter mes pierres
dans la galerie du Louvre : je redoublerai d'efforts,
je ne gagnerai rien. mais il est temps de me faire
une réputation : après cela je pourrai me livrer au
genre qui me conviendra le mieux. »

Puissance de volonté. confiance dans l'avenir,
voilà les qualités qui de Gigoux ont fait un
maître.

Cette lithographie qu'il se propose d'entreprendre, ce sera la mort d'Eurydice, d'après le
Poussin, l'un des plus beaux paysages de ce grand
artiste : il est pris d'admiration pour son talent :
« Quel homme que ce Poussin ! tous les autres
peintres de l'école française ne sont que des
enfants à côté de ce foudroyant génie. Depuis
que je vais au Louvre, lui seul captive toute mon
attention et m'absorbe, et quand je l'ai vu, je ne
puis en voir davantage : son portrait est à mon
avis, son chef-d'œuvre, non seulement par sa manière de faire. mais pour le sentiment. pour la vie
qu'il respire. D'après cette admirable tête on peut
connaître le caractère du Poussin. on ne devrait
parler de ce maître que la tête découverte. Les
belles pages de Rousseau, de la *Nouvelle Héloïse*.
ne m'ont jamais produit plus d'effet. Le Poussin.
Rousseau et Catinat sont trois hommes qui hono-

rent l'humanité : quoique ne suivant pas la même carrière, ils ont une semblable vertu. »

Cette lettre nous a paru curieuse, elle montre un enthousiasme surprenant dans cette nature habituellement calme et réfléchie, enthousiasme réel et qui est évidemment sincère ; elle nous fait en outre deviner dans ce rapprochement bizarre entre ces figures du Poussin, de Rousseau et de Catinat, comment, par des lectures décousues de nombreux ouvrages, l'artiste, arrivé à Paris sans érudition, cherchait à suppléer le mieux possible à l'instruction qui lui manquait.

Gigoux a une autre ambition : il veut concourir pour le prix de Rome : s'il a le bonheur de réussir, c'est l'existence assurée pendant deux années ; il serait le troisième Franc-Comtois à qui cette récompense a été accordée, Pâris et Lancrenon ayant été avant lui jugés dignes de cette faveur ; il raconte ainsi à Charles Weiss ses espérances : « J'entrerai en loge le 28 août : j'en suis tout heureux, vous savez comment cela se fait : à huit heures du matin, on lit le programme du sujet à traiter : vous entrez dans une petite chambre pour vous seul, on en prend la clef, et le soir à six heures on vient vous l'ouvrir, et on emporte votre tableau, qui doit être achevé et que le jury apprécie et

récompense si vous le méritez ; j'aurais ainsi,
ajoute-t-il, une pension pour deux ans, et au bout de
ce temps, si je ne fais pas un peintre, ce sera ma
faute. Vous croyez peut-être que je vais prendre
un maître, les seuls en qui j'aurais confiance sont
morts. C'étaient Géricault, Bonington, et parmi
les peintres anciens, j'ai choisi Ruysdaël ; voilà le
seul paysagiste qui ait existé. »

Ici encore un rapprochement singulier entre
des peintres que rien ne rapproche. Comment
associer les noms de Géricault, le vigoureux
auteur du *Naufrage de la Méduse*, et ceux du
paysagiste Ruysdaël et de Bonington, dont tout
le charme est dans la couleur !

Malheureusement — est ce malheureusement
qu'il faut dire ? — il n'obtient pas le prix de Rome.
Qui sait ce qu'aurait produit sur son talent le
séjour en Italie ? L'enseignement de l'Ecole l'eût-
il grandi ou étouffé ?

En 1830, il expose un petit portrait au crayon
de Mme Gandillot et de sa fille ; il peint le portrait
en pied de Jouffroy, son compatriote ; le président
Trémolières le présente au ministre de la justice
Courvoisier dont il essaie de retracer les traits.
œuvre difficile, le garde des sceaux se disant très
occupé et ne voulant pas poser : il fait le portrait

d'un magistrat, M de Belleyme, de M. de Polignac
qu'il regrette de ne pouvoir peindre d'après
nature : « J'ai à faire beaucoup de portraits.
écrit-il, je n'aurais jamais pensé les réussir aussi
bien. J'espère, d'ici à peu de temps, peindre un
peu mieux qu'Hersent, Gros, Gérard, qui se font
payer six mille francs. J'ai deux grands maîtres
devant les yeux, Velasquez et Lawrence ; tant que
je ne serai pas à leur niveau, je me regarderai
comme un bambin en peinture. »

Ici se révèle une prétention quelque peu exagérée. Gigoux ne devait atteindre ni Velasquez ni
même Lawrence. Il lui manquait ce qui distinguait
le grand peintre anglais la grâce native, sponta-
née, que l'on peut développer mais qui vous
appartient, celle que l'on pourrait appeler un
secret. Puis, Lawrence excellait à peindre ce que
peut avoir de plus doux le satin du visage, et de
plus vainqueur l'expression d'un œil bleu ; il savait
moirer la moire, satiner le satin ; il était le peintre
de l'opulence, qu'il séduisait par la poésie de son
pinceau ; on devine dans ses portraits la finesse de
la race, cette incomparable distinction que l'on
pourrait appeler la distinction de la peau ; il était le
peintre des femmes aimées ; ces qualités, Gigoux ne
les possédera jamais ; il aura la vigueur, la fran-

chise du ton, le sentiment de la couleur et de la lumière ; l'élégance lui est refusée, il n'idéalise rien. pas plus les femmes que les rois. Gigoux est un romantique, il est touché par les qualités de certains maîtres, il les admire sans pouvoir les atteindre, sans chercher leur manière ni songer à les imiter. Le peintre, pas plus que tout autre créateur, ne peut sortir de sa nature ; cherche-t-il à s'incarner dans le talent d'un autre, il n'est plus qu'un imitateur et un pâle copiste ; il n'est original qu'à la condition de subir ses défauts comme il profite de ses qualités.

Voilà ce que Gigoux sentait d'instinct.

La révolution de 1830 le détourne un peu de son travail : il fait cependant le coup de feu et plus tard il se donnera volontiers comme un des héros de Juillet : « Par les deux lettres que j'ai adressées à mes parents, écrit-il en 1830, vous avez pu avoir quelque idée de la part que j'ai prise aux évènements ; aujourd'hui je travaille depuis le jour où j'ai suspendu mon sabre ; je travaille comme devant ; seulement quelquefois, lorsque je surprends ma pensée à errer, il me semble entendre les feux de peloton, les feux roulants, et puis la poussière qui s'élevait au-dessus des barricades et le râle des mourants, je ne l'oublierai jamais : mais cela se dissipe et je travaille. »

La révolution de Juillet, comme toutes les révolutions, avait tué les arts et paralysé les commandes. Gigoux profite de ses loisirs pour se rendre en Angleterre, dans ce pays de liberté où les Français ne peuvent d'après lui, qu'être bien accueillis. Il y séjourne deux mois à peine ; il est de retour à Paris le 15 janvier 1831 ; le découragement le saisit ; le 22 janvier il écrit ces lignes : « Depuis longtemps je ne reçois de nouvelles de personne, et moins de mon pays que d'ailleurs ; si j'avais pu prévoir, je serais resté à l'étranger, en arrivant, j'ai trouvé plusieurs faillites et des pertes d'argent considérables. J'ai dû demander à un ami 600 francs pour passer ces vilains temps, qui m'ont été refusés. Tout cela ne me rend pas l'âme bien satisfaite ; » mais l'énergie du caractère l'emporte, et il s'empresse d'ajouter : « Je n'en travaille pas moins, toujours j'étudie. » Il établit son atelier rue de Bondy, puis rue Saint-André des Arts, dans l'ancien hôtel de Mme de Montespan, occupé en partie par la librairie Furne. Il peint quelques tableaux de chevalet d'une jolie couleur, notamment *Saint-Lambert et Mme d'Houdetot se rencontrant sur le grand escalier de Versailles*, toile remarquable de lumière et d'éclat. La gracieuse jeune femme, sans trop se préoccuper de son mari, remet une lettre au poète qui porte le costume des gardes françaises. Le débonnaire M. d'Houdetot ne s'aperçoit point de la manœuvre. Il se montra d'ailleurs toujours excellent pour celui qui possédait toutes les affections de sa femme. L'ami de Voltaire, de Diderot et de la plupart des écrivains ses contemporains, le brillant Saint-Lambert qui n'en était pas à ses premières amours et qui avait été aimé par Mme du Chatelet, est fort distingué d'allures ; on sait que ses prétentions au génie et à la philosophie ne l'empêchaient point d'être aussi fier de sa figure que de sa naissance. L'ensemble de la composition est gracieux. Dans cette même année Gigoux fait le portrait de son père, une bonne figure franche et ouverte, à l'œil vif, au teint enluminé ; il essaie ses forces dans la peinture de grandeur naturelle, dans un tableau donné par M. de Magnoncour au musée de Besançon, *l'Horoscope* : un jeune homme revêtu d'une cuirasse, et pour lequel a posé Laviron, présente une jeune femme à un devin ; c'est une étude, mais déjà on peut pressentir que le charme, l'élégance, manqueront toujours au peintre.

A cette époque, l'école romantique, si on peut appeler école la réaction violente contre toutes les

règles imposées à la peinture par l'expérience des
siècles, se trouvait à son apogée ; un souffle révo-
lutionnaire avait renversé les idoles autrefois res-
pectées, la fantaisie était proclamée souveraine,
et l'art, pour être vraiment l'art, ne devait respecter aucune entrave ; c'était une insurrection contre
le passé, ce n'était pas une doctrine, mais le
mouvement arrivait à point pour faire apprécier
les instincts et la manière de Gigoux. Aussi,
quand au Salon de 1835 parut la *Mort de Léonard
de Vinci*, ce fut un applaudissement universel ; le
maître, car on pouvait lui donner ce titre glorieux,
se plaça sans conteste au premier rang de l'art
romantique ; le début fut un triomphe. Il y avait
dans l'œuvre une crânerie qui devait être admirée
et séduire ; la touche est vigoureuse, la lumière
caresse les figures comme tous les accessoires,
les personnages principaux, le roi et le vieux
Vinci, captivent l'attention. La marche du drame
est bien entendue. Le prêtre apporte au mourant
la communion. Le peintre veut aller la recevoir
hors de son lit, et François Ier aide à le soutenir
dans ce pénible trajet. Il y a là une idée noble et
touchante, une scène sagement ordonnée, bien
comprise, clairement rendue.

François Ier domine le tableau de sa grande

La Mort de Léonard de Vinci. Musée de Besançon.

taille, le Vinci l'éclaire, l'illumine de l'expression de foi que reflète son visage. Le vieux prêtre qui présente l'hostie, les enfants de chœur sont bien à leur place, et le contraste entre l'ombre jetée par les courtines du lit et la galerie éclatante de lumière qui s'ouvre derrière les assistants est du meilleur effet. Costumes, draperies, accessoires, jusqu'à ce tapis d'Aubusson, anachronisme pardonnable en raison de l'habileté d'exécution, sont d'un réalisme plein de vérité et d'harmonie ; c'est la nature reproduite magistralement.

Le public ne remarqua point les imperfections, il ne fut choqué ni du manque de dignité et d'élégance chez François Ier, le prince chevaleresque, ni de la pose écrasée du Vinci, ni de l'aspect des genoux, qu'aucune draperie ne dérobe à la vue, et qui sont d'un réalisme trop brutal ; il ne vit que les grandes qualités sans apercevoir les défauts, parce que l'œuvre répondait à ses aspirations, à son goût de réalisme absolu qui dominait alors.

Reconnaissons d'ailleurs que, même aujourd'hui, la *Mort de Léonard* peut être placée dans les premiers rangs parmi les peintures remarquables de notre temps. C'est le chef-d'œuvre de l'artiste, qui jamais ne retrouvera les mêmes éminentes qualités d'aspect et de vérité. Le succès fut d'ail-

leurs de nature à satisfaire les plus exigeantes
ambitions. Le tableau fut placé à l'exposition dans
le grand salon carré ou est la *Joconde* à présent
et fut acheté par l'Etat 4,000 fr. : c'était un prix
à une époque où les toiles n'étaient pas encore
couvertes d'or ; il fut envoyé au musée de Besançon ; Gigoux reçut en outre, la première médaille
de peinture d'histoire.

Dans cette même année de 1835, le peintre
laborieux et fécond compose sur bois les gravures
de *Gil Blas*, édité par Dubochet. La gravure sur
bois était alors fort en vogue, et avec raison. Ne
donnait-elle pas exactement la pensée de l'artiste ?
C'était son dessin. L'illustration du livre de
Lesage, pour employer le terme en usage, était
une bonne fortune pour Gigoux, qui sut répandre
dans ses compositions du mouvement et de l'intérêt ; il n'a pas la grâce des Johannot, mais quelques-uns de ses dessins ont de remarquables qualités de lumière et sont de vrais, de charmants
petits tableaux. La plupart des personnages ont
été pris sur nature. Gigoux se servait, en effet, le
plus possible de croquis d'après ses amis ou ses
visiteurs.

Le *Gil Blas* lui prit dix mois de travail, c'est un
des plus beaux livres de l'époque romantique, un

des types du livre illustré moderne. Le succès fut prodigieux : le tirage dépassa vingt mille exemplaires, ce qui n'empêche pas ce livre d'être aujourd'hui rare et recherché des collectionneurs, mais les éditeurs auxquels Gigoux s'était associé se firent la part du lion.

A peu près à la même époque, le dessinateur orne de vignettes les *Lettres d'Héloïse et d'Abélard*, dont le succès fut moindre que celui du *Gil Blas*. Ces années sont des années heureuses dans la vie du peintre ; il est un des principaux représentants du romantisme, l'un des favoris du cénacle romantique, il est considéré comme un des maîtres de cette pléiade brillante qui compte dans ses rangs les Deveria, les Delaroche, les Delacroix. Le gouvernement apprécie son mérite et lui confie des travaux importants. Il est lié avec beaucoup d'écrivains, de personnages éminents : avec Alfred de Vigny, qui, sur sa demande envoie à Weiss des poésies inédites ; avec le baron Taylor, cette providence des artistes ; avec le baron Gérard, qui, en mourant, lui laisse un tableau inachevé qui deviendra plus tard la propriété du musée de Besançon ; avec le maréchal Moncey, qui, grâce au patronage de Charles Weiss, se montre d'une grande bienveillance ; avec

Lancrenon, dont il apprécie « l'obligeance, la délicatesse de sentiments, et qui a conquis une notoriété avec son tableau *Le Fleuve Scamandre*. » « Lancrenon, écrit-il à Weiss, ne dit jamais de mal de personne, aime à s'entretenir de choses sérieuses, et les raisonne ; il a moins d'amour propre que beaucoup de peintres, il est doué d'un véritable talent acquis non sans peine, mais il a un défaut, il est timide et pas assez intrigant pour le siècle. » Il est surtout en relations excellentes avec ses compatriotes, Charles Nodier et Jouffroy, « deux hommes, écrit-il à Weiss, qu'on ne saurait oublier quand on a été lié avec eux et surtout lié au degré où nous étions ensemble ; » il voit fréquemment Pauthier l'orientaliste, qui fait imprimer son *Child-Harold* ; Francis Wey, qui lui paraît affligé d'une loquacité excessive ; Xavier Marmier, son vieil ami d'enfance ; avec le général Donzelot, grand amateur de peintures.

. En Franche-Comté, il a pour amis Viancin, le poète spirituel et fécond ; le docteur Grenier, le botaniste éminent ; Alphonse Delacroix, qui a découvert Alesia et qui a créé le musée Gaulois de Besançon, de concert avec Vuilleret ; Pérennès, professeur à la Faculté des lettres ; Léon Bretillot, maire de la ville de Besançon ; les conseil-

lers à la Cour Demesmay et Béchet (1) ; le président Bourgon ; le baron de Fraguier, dont il vante, dans ses *Causeries sur les Artistes,* la distinction accomplie ; Gaston Marquiset, qui est en même temps son élève ; Bruand, peintre et musicien, son compagnon de voyage en Suisse, et surtout Charles Weiss : c'est l'ami de cœur, le meilleur, le confident de ses pensées ; il lui raconte ses espérances, ses déceptions. Besançon lui paraît désert quand Weiss n'y est plus : « Que serais-je allé faire dans votre ville sans vous ? Vous savez que je n'y ai plus de parents. Ainsi donc la patrie, c'est vous et quelques personnes comme vous, qui veulent bien se rappeler de moi. » Il partage ses peines : quand Weiss est frappé dans ses affections, il lui écrit : « Vous avez perdu vos plus anciens amis et je compatis à vos chagrins, mais il vous reste encore des gens qui vous aiment, et j'espère que vous me mettrez toujours en première ligne : » il sait combien le savant et dévoué bibliothécaire désire augmenter les trésors qui lui sont confiés. Il est heureux de lui faire envoyer par le gouvernement de nombreux volumes, de lui offrir ses

(1) En 1853, il écrivait à Weiss : « La mort de ce pauvre Demesmay m'a fort affligé ; pour mon vieil ami Béchet, je ne me consolerai jamais de l'avoir perdu ; il était de ceux que l'on aime toujours, mort ou vivant. »

œuvres : « Je suis en train, écrit-il, de terminer une édition à vignettes, les *Lettres d'Héloïse et d'Abélard*. Je ferai mettre de côté un exemplaire que je vous supplie d'accepter ; je vais faire aussi une nouvelle édition de *Gil Blas*. Je m'arrangerai pour que vous en ayez un exemplaire convenable, et, dès le premier tirage, je le réserverai et vous l'enverrai au fur et à mesure par des occasions. »

II

Contraint de travailler pour vivre, Gigoux n'avait pas vu encore l'Italie, pèlerinage imposé aux artistes comme celui de la Mecque aux musulmans.

Quelques jeunes gens fréquentaient son atelier ; parmi eux étaient Baron et Français qui commençait à se faire connaître par ses fraîches et poétiques compositions. En septembre 1839, il partit avec Baron et deux autres de ses élèves, Félix Muguet, son compatriote, et le vicomte d'Andert, peintres amateurs. Le philosophe Jouf-

froy, à qui on avait ordonné le climat du Midi,
s'embarqua à Marseille avec ses compatriotes. Le
bateau emporta les voyageurs à Gènes, puis à
Livourne, puis à Pise, où Jouffroy devait passer
l'hiver, et dont la tour penchée fait la réputation,
alors qu'on laisse dans l'ombre son Campo Santo,
décoré par les primitifs et sans rival.

Le Campo santo a été presque dans chaque
ville, en Italie, l'objet d'une vénération spéciale.
A Pise, des galeries enveloppent le vaste rec-
tangle du cimetière ; elles sont couvertes des
peintures des plus vieux maîtres italiens. Gigoux
se prit pour cette école, et surtout pour Benozzo
Gozzoli, d'une grande admiration : il fit au Campo
Santo de nombreuses études au crayon ; il était
touché de la naïveté et de la vérité des figures,
véritables portraits pris sur nature, avec une
conscience et des scrupules dans lesquels on lit le
sentiment pieux de ces anciens peintres pratiquant
leur art comme un acte religieux.

Après une huitaine passée à Pise, la caravane
partit pour Florence.

Il y avait là une merveilleuse récolte à faire.
Florence est superbe avec ses grands palais-for-
teresses au ton sombre, ses cloîtres peints, ses
églises splendides, Sainte-Marie des Fleurs, un

bijou auquel donnent accès les magnifiques portes
de bronze de Ghiberti, son palais vieux, sa tri-
bune, ses offices et son palais Pitti. Gigoux y fit
un séjour de six semaines environ ; étudiant, là
aussi, et tout spécialement les vieux peintres dont
les œuvres peuplent les églises et les cloîtres, et
surtout Ghirlandaio, qui a décoré le chœur de
Sainte-Marie Nouvelle.

A Florence seulement, on peut connaître
Andrea del Sarto, et à Fiesole, Fra Angelico.

A cette époque était retirée dans cette ville l'ex-
reine de Naples, Caroline Bonaparte, veuve de
Joachim Murat. Gigoux fut reçu chez elle, et plus
tard quand, l'exil levé, elle vint à Paris, sous
le débonnaire gouvernement de Louis-Philippe, il
fit d'elle un portrait d'une grande tournure où il
sut habilement atténuer les traces des années, qui
d'ailleurs avaient respecté les traits de cette
majesté déchue.

De Florence, Gigoux gagna Rome en passant
par Sienne.

A Rome, les merveilles de l'art païen se
marient partout aux merveilles de l'art chrétien.
Le Colisée et Saint-Pierre symbolisent les deux
civilisations. Avant 1840, Rome avait encore
conservé un cachet qu'elle perd tous les jours en

se modernisant ; elle s'embellit, mais se dépoétise ;
elle reste toutefois, dans toutes les branches de
l'art, la ville par excellence, et dans toutes les
branches de l'art aussi, la grande figure de Michel-
Ange domine tout par la puissance de son génie.

Il y avait tant à voir à Rome que Gigoux dut se
contenter d'admirer.

Il retrouva dans cette ville des compatriotes et
des amis. Sigalon y faisait une copie du *Jugement
dernier* de Michel-Ange, copie commandée par le
roi Louis-Philippe, et qui est à l'Ecole des Beaux-
Arts ; Jadin y peignait sa *Vue de la villa d'Est* et
son *Poussin sur les bords du Tibre*. Les élèves de
l'école de Rome firent à Gigoux le meilleur accueil.

Les musées à Rome, c'est le Vatican avec sa
chapelle Sixtine et ses stanzes ; ce sont les églises
et les palais dont les riches galeries renferment
des merveilles. Parmi les galeries célèbres était
celle du cardinal Fesch. La réputation de Gigoux
lui valut une faveur sur laquelle il n'avait pas
compté, celle d'être reçu avec ses compagnons de
voyage par le cardinal lui-même.

Au fond d'un immense cabinet rectangulaire et
complètement garni de tableaux était assis, à une
table de travail, un petit vieillard à perruque d'un
blond châtain, portant le costume ecclésiastique.

Nos peintres durent parcourir toute la longueur de la pièce pour arriver au cardinal, que cette apparition de gens barbus et moustachus, rares alors en Italie, eût pu effrayer, s'il n'eût été prévenu.

Après avoir adressé quelques paroles de bienvenue aux visiteurs, s'être informé du diocèse auquel ils appartenaient, le cardinal parla peinture avec une science, une compétence rares, en homme qui aime les arts, qui a beaucoup vu, beaucoup étudié avec des aptitudes exceptionnelles. Sa galerie était garnie de chefs-d'œuvre admirablement conservés ; elle était riche surtout en tableaux de l'école hollandaise et flamande, en peintures de Paul Potter, de Berghem, de Winants, de Ruysdaël, d'Hobbema (1) ; mais au milieu de ses toiles, les Poussin tenaient la première place ; le célèbre collectionneur en avait beaucoup, paraissait affectionner tout spécialement

(1) A la vente de la galerie du cardinal Fesch, en 1845, deux tableaux du Poussin ont été achetés, la *Danse des Saisons*, par le marquis de Hertford, 33,223 francs ; le *Repos*, 9,400 ; un grand paysage d'Hobbema s'est vendu 44,520 francs, et le *Miroir cassé*, de Greuse, 18,698 francs. Deux portraits de Rembrandt, 24,792 francs, à deux anglais ; le *Charlatan*, de Carl Dujardin, 16,165 francs ; le *Jugement dernier*, d'Angélique de Fierole, 17,808 francs, au prince de Cassino ; un magnifique Claude Lorain, *Lever du soleil dans un port de mer*, 28,105 francs, et un *Retour de chasse* de Wouvermans, 68,727 francs.

le maître et prétendait connaître son œuvre tout
entier et le nombre exact de ses tableaux ; on eût
cru entendre un vieux brocanteur faisant valoir sa
marchandise. Un homme très amoureux de l'art
pouvait seul raisonner avec autant d'enthousiasme
et de compétence.

Après un séjour de cinq semaines, Gigoux se
décidait à quitter Rome pour gagner Venise par
Bologne et Padoue. A Mestre on prenait la gon-
dole qui vous conduisait vers la reine de l'Adria-
tique. Là tout était nouveau pour la petite caravane.
Pas de bruit, un silence de mort interrompu seulement par le cri d'avertissement du gondolier.
L'architecture gothique des palais du grand canal,
celle de Saint-Marc, avec ses dômes orientaux et
ses nefs pleines de mystère, où la lumière et
l'ombre semblent avoir chacun leur domaine,
la place Saint-Marc et les Procuraties, le palais
des doges et la Piazzetta qui se termine sur le flot
éclatant de la lagune avec Saint-Georges Majeur
pour perspective, le quai des Esclavons, le fameux
canal Orfano, les Plombs et le pont des Soupirs,
plus fameux encore, tout était imprévu et merveilleux. L'art n'était ni celui de l'école florentine ni
celui de l'école romaine, c'était un art à part,
magnifique, comme il convenait à cette riche aris-

tocratie de marchands, dont l'Orient semblait le domaine, dont les flottes sillonnaient les mers. Les grandes scènes de la religion, les hauts faits de la république y sont représentés par des personnages revêtus des pompeux costumes du xvi⁰ siècle : d'immenses espaces sont livrés aux Paul Véronèse, aux Tintoret, aux Titien, qui les couvrent de peintures avec une maestria inouïe, une franchise et un éclat dont nulle école n'a approché et qui se sont perpétués dans les merveilleuses coupoles de Tiepolo, un peintre qu'on ne peut apprécier qu'à Venise.

On comprend qu'avec un temps limité il y avait plus d'heures consacrées à l'admiration qu'au travail, et qu'au milieu de toutes ces merveilles on ne pouvait guère trouver le moment de dessiner. Gigoux voulait en effet, rentrer en France pour le printemps, et après avoir traversé ce qui était alors le royaume lombard-vénitien, occupé par l'Autriche, il entrait en Suisse par le Saint-Gothard, et revenait en France par Berne, Pontarlier et Besançon, où il tenait à honneur de forger un fer, pour prouver à son père ébahi qu'il n'avait point oublié sa première profession.

De retour à Paris, dans son atelier sur le quai Malaquais, Gigoux peint une grande toile, *Cléo-*

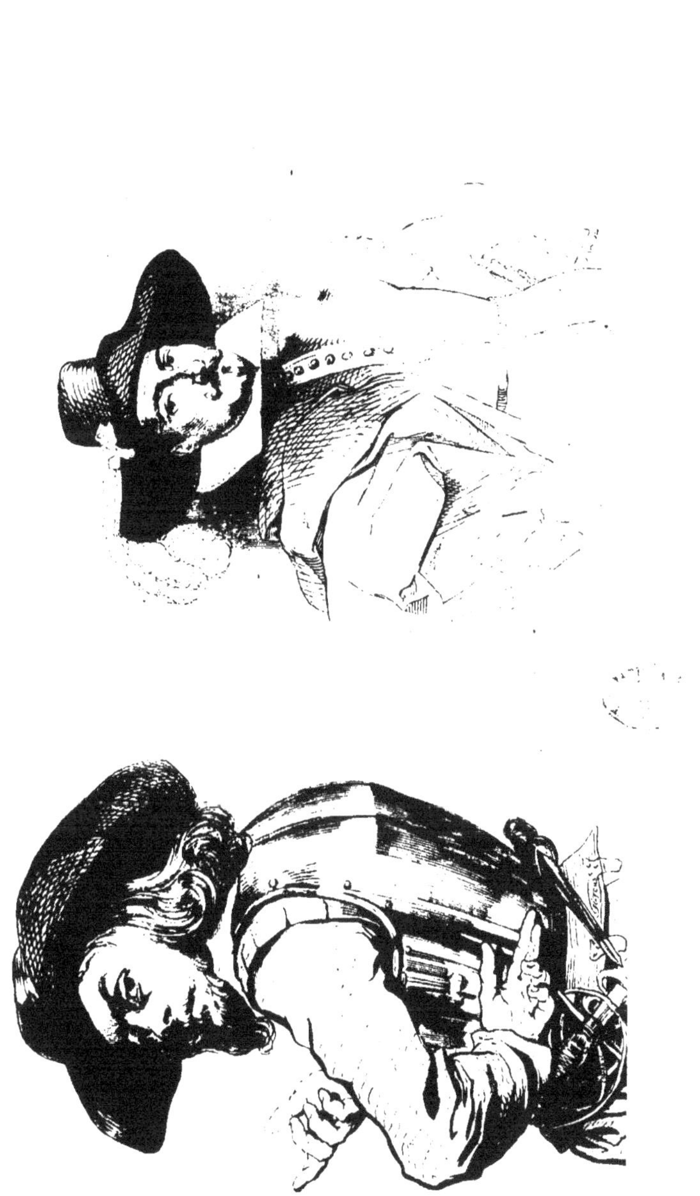

Spécimens de l'Illustration de Gil Blas, dessins de Gigoux

pâlre essayant des poisons sur ses esclaves. L'idée
n'était pas heureuse et péchait à cette époque par
la banalité : donner de l'intérêt à cette scène
cruelle n'était pas facile ; donner même de la vrai-
semblance à une fantaisie douteuse, dans les
conditions d'apparat inexcusable où on la présen-
tait, était une tâche au-dessus des forces du
peintre. C'était la plus grande page présentée à
l'Exposition de 1837 ; ce n'était pas une des meilleures, elle fut refusée. On reprocha à Gigoux
de manquer non seulement de grâce et d'élégance,
mais de vérité : puis le maître avait suscité, par
son talent et sa réputation précoce, des jalousies
ardentes. Ainsi s'explique l'étrange décision du
jury.

Constatons toutefois qu'à partir de 1840, l'œuvre
de Gigoux ne gagne plus ; il est toujours le maître
vigoureux qu'on a connu, il n'a plus la fougue
déployée dans le *Vinci*, il n'a plus le même éclat,
il ne surprend plus, et on croirait que le public a
éprouvé une déception. Le voyage d'Italie n'a pas
eu sur son talent l'influence que l'on était en droit
d'attendre. Il a admiré les merveilleux dessins de
l'école florentine, le grand style des maîtres de
l'école romaine ; il n'a point voulu s'assimiler leurs
qualités. Il n'a rien emprunté aux Italiens, ni la

splendide noblesse des Vénitiens, ni l'élégance de l'école florentine, ni la majesté de la grande école romaine.

Un de ses élèves, Baron, a été mieux inspiré et a su tirer de son voyage un parti plus heureux ; les personnages de ses tableaux de chevalets rappellent souvent et le coloris et la distinction de tournure quelquefois un peu maniérée, mais toujours gracieuse, que certains peintres italiens savaient imprimer à leurs compositions.

Malgré sa haute situation, Gigoux est, à cette époque, très vivement attaqué ; la critique lui fait différents griefs en partie inspirés par la malveillance ; elle lui reproche de « s'ériger trop volontiers en apôtre des arts, de s'imposer comme l'homme essentiel, l'arbitre, le conseil, l'intendant général des grands comme des menus plaisirs du ministère de l'intérieur, de se considérer comme un directeur des beaux-arts *in partibus* (1). » On l'accuse d'outrecuidance, « d'un amour-propre excessif, sans pareil, qui le place, lui, Gigoux, dans sa propre opinion, au-dessus des Raphaël et des Titien. » L'allégation n'était point fondée. Toutefois, il faut reconnaître que le peintre de la

---

(1) *L'Artiste*, année 1843.

Cléopâtre et du *Vinci* avait de son mérite une
haute idée, qu'avec sa franchise habituelle il ne
croyait pas devoir dissimuler. Il se considérait
volontiers comme supérieur aux plus grands
maîtres, l'égal comme portraitiste de Gérard,
d'Hersent, de Gros, de Girodet. Jouffroy raconte
à ce sujet une entrevue de l'artiste avec M. Thiers.
Son récit donne bien la mesure des sentiments de
Gigoux. « Nous avons hier, écrit Jouffroy à
Charles Weiss le 25 mai 1835, présenté Gigoux
à M. Thiers, et obtenu de celui-ci qu'il achèterait
le tableau *La mort de Léonard de Vinci*, avec l'espérance qu'il le donnerait à la ville de Besançon.
mais ce dernier point n'est pas sûr. L'original
vaudrait mieux que la lithographie. C'est réelle-
ment bien de couleur et de composition. Gigoux
a dit au ministre, nous présents : « Ne craignez
pas de vous compromettre en achetant mon
tableau, car c'est celui qui a eu le plus de succès
à l'Exposition. » A quoi le ministre a répondu :
« Non, cela n'est pas, détrompez-vous et ne nour-
rissez plus de telles idées. Vous êtes tous ainsi :
vous vous croyez de grands hommes et vous n'êtes
que des écoliers. » Vous reconnaissez là la
modestie et le tact de Gigoux, mais gardez cela
pour vous ; ne lui donnez pas un ridicule de plus

dans son pays. Thiers l'enverra probablement en Italie copier des chefs-d'œuvre. »

Une autre lettre curieuse nous montre le profond dédain de Gigoux pour certains peintres d'un incontestable mérite. Elle est du père de Faustin Besson, peintre et sculpteur, conservateur du musée de Dole ; il écrit ces lignes à un ami : « Pourquoi faut-il qu'un homme de talent, tel que Gigoux, s'abandonne d'une manière toute fanatique à l'école moderne, ennemie de David, c'est-à-dire à l'école romantique ? Comment oser soutenir que Raphaël a obtenu une grande réputation parce qu'il avait des prôneurs tels que Léon X ; que David n'avait pas le sens commun, et ne dessinait pas ; que ses productions sont autant de croûtes ; et que tous ses élèves, y compris Gérard, Gros et Guerrin, ont encore moins de mérite que leur maître ? Et pour donner plus de force au mépris qu'il lance contre de tels maîtres, Gigoux leur oppose Vanloo, Boucher, enfin toute leur école. Un homme de sa force ne devrait rien dire ; son talent parle pour lui, car il en a beaucoup. »

On ne saurait, sans sourire, entendre la protestation de ce classique admirateur de David.

Besson n'a-t-il pas pris trop au sérieux une boutade que la discussion expliquait ? L'école de

David avait-elle d'ailleurs le droit de se révolter :
N'était-elle point coupable d'avoir ridiculisé du
nom de rococos les hommes de grand talent qui,
au xviii⁰ siècle, avaient placé la France à la tête
de l'Europe dans toutes les branches de l'art, et
qui, notamment dans notre Franche-Comté,
avaient décoré la belle chapelle du Saint-Suaire,
et produit cette merveille d'architecture et de
goût, la chapelle de l'hôpital :

Nous avons cité ces deux lettres parce que
l'une met en scène, à côté de Gigoux, un homme
d'Etat et un grand écrivain : la seconde nous
montre combien était vive l'hostilité entre clas-
siques et romantiques. Est-ce à dire que nous
nous associons au reproche d'orgueil formulé
contre Gigoux ? En aucune façon. S'il eût cet
immense orgueil, défaut qui blesse par-dessus
tout, aurait-il réuni autour de lui autant d'amis
dans ce monde où les prétentions exagérées ne
sont pas rares ? Il était orgueilleux, dit-on, mais
l'orgueil est le principe des grandes choses,
et sentir son mérite dénote souvent moins d'amour-
propre que la fausse modestie qui se diminue
pour obtenir des éloges. L'orgueil qui s'estime à
sa valeur était d'ailleurs permis à cet homme sorti
de cet antre de la place des Maréchaux, venu à

Paris sans ressources, assurant son existence par
son travail; à cet homme qui, ayant tout à apprendre dans son art, était tellement sûr de lui, de sa
volonté, de ses aptitudes, qu'il n'eut jamais, ses
lettres à Weiss le prouvent, ni un regret ni une
défaillance. Etait-ce de l'orgueil que de s'abandonner à l'espérance d'atteindre les plus grands
maîtres, quand, à vingt-quatre ans. au début, on
faisait presque une révolution dans l'art par le
tableau de *Léonard de Vinci* ? S'il n'eût pas eu
cette qualité que l'on qualifie d'orgueil. Gigoux
ferrerait aujourd'hui les chevaux, et sa ville natale
ne l'aurait pas glorifié le 17 décembre comme un
de ses illustres enfants.

A partir de son retour d'Italie, Gigoux produit des œuvres nombreuses. Les commandes se
succèdent. On lui donne à décorer la chapelle de
Sainte-Geneviève, à Saint-Germain l'Auxerrois. Il
peint deux épisodes de la vie de la patronne de
Paris. Dans un premier tableau, il montre la rencontre à Nanterre de sainte Geneviève et de saint
Germain. Le saint s'arrête devant l'enfant inspirée
de Dieu, et la bénit. Le second tableau représente un épisode du siège de Paris ; Geneviève,
debout sur le rempart, la main droite levée vers
le ciel. implore le secours de Dieu, entourée de

mourants et de soldats qui se défendent contre les assaillants. La critique se montra encore sévère pour Gigoux ; elle prétendit ne trouver dans son œuvre ni l'élévation de la pensée ni l'expression du drame : « Où donc, se demanda-t-elle, est l'inspiration de sainte Geneviève, cette chaste enfant ? où est l'énergie, l'héroïsme de cette sainte vénérée ? » Elle prétendit que l'enfant n'était qu'une simple communiante bien soumise et bien obéissante, et que la femme était incapable de ranimer les courages. Gigoux n'avait guère traité jusqu'alors que des sujets d'histoire, il n'avait pas abordé la plus haute source d'inspiration que comporte l'art, je veux dire le sentiment religieux, et peut-être ses peintures n'avaient-elles pas toute la poésie désirable.

En août 1844, Gigoux peint une grande toile représentant saint Louis sur un champ de bataille de l'alestine, tableau destiné à être placé dans la chapelle du Luxembourg pour la rentrée des Chambres. Peu après, il termine pour M. de Magnoncour *La mort du duc d'Alençon à la bataille d'Azincourt* : ce tableau soulève des tempêtes. Le paysage, les figures, sont signalés comme étant d'une exécution faible. « Le talent, s'écrie Paul Mantz, ne doit-il donc, comme l'amour, durer qu'une matinée ? »

Pour une des salles du Conseil d'Etat, Gigoux compose dans cette même année 1844 une toile immense, le *Baptême de Clovis*. La critique redouble ses attaques, elle prend une forme brutale. Le journal d'Arsène Houssaye imprime ces lignes : « Si la présomption faisait le talent, M. Jean Gigoux aurait beaucoup de talent. Le *Baptême de Clovis* est un tableau au-dessous de la critique, on n'est pas plus vulgairement barbare que Clovis : on n'est pas plus grotesquement niais que le vénérable archevêque de Reims. Des costumes de tous les âges, des cuirasses de bric à brac, des figures qui ne sont d'aucun temps, une couleur qu'on n'a jamais vue sous le soleil, voilà le bagage avec lequel des gens qui se sont improvisés grands peintres font naïvement de l'histoire. »

Le *Mariage de la Vierge* est exposé au Salon de 1846. Gigoux se relève. Arsène Houssaye, un bon juge, écrit ces lignes : « L'auteur de *Cléopâtre* et de *Léonard de Vinci* a eu le bon esprit de revenir à son sentiment personnel. Qui n'a eu ses jours d'égarement ? Nous sommes heureux de saluer encore dans M. Gigoux un artiste d'un talent élevé. Le *Mariage de la Vierge* est une œuvre remarquable par l'ordonnance, par le galbe des figures, par la lumière. C'est une peinture calme

et sérieuse. M. Gigoux a eu dans la touche je ne sais quel accent religieux qui domine harmonieusement ce sujet si grave et si touchant, quand on pense que l'humble épouse allaitera bientôt le Sauveur du monde. Que M. Gigoux continue donc à se laisser aller à lui-même ; il est entré dans la bonne voie. »

Passons sur le tableau de *Manon Lescaut*, que la critique déchire. Gigoux a représenté l'amante de Desgrieux gisant sur le sable du désert. Le chevalier la pleure après avoir creusé la fosse où elle reposera. Rien de plus difficile que de rendre en peinture le charme d'une figure caressée avec amour par un romancier. Chaque art a son domaine qui lui est propre. L'écrivain développe un caractère, le peintre reproduit une action. Essayer de reproduire par le pinceau l'héroïne de l'abbé Prévost était une faute. On ne voulut pas reconnaître dans la *Manon* de Gigoux la fille perdue faite d'amour et de perversité. On prétendit que le peintre avait un talent inégal. « Il faut espérer, dit l'*Artiste*, que M. Gigoux finira par nous surprendre : il n'a qu'à faire un bon tableau. »

Gigoux compose sinon un bon, du moins un grand tableau, la *Veille d'Austerlitz*. Le 1er décembre, anniversaire du couronnement de l'empereur, l'armée française bivaquait en face de l'armée austro-russe. Le soir de ce jour, Napoléon voulut se montrer à ses troupes et juger par lui-même de leurs dispositions morales. Les premiers soldats qui le reconnurent, ramassant la paille de leurs bivouacs, en firent des torches qu'ils allumèrent pour éclairer sa marche ; bientôt tous les campements de l'armée française s'illuminèrent, fêtant ainsi la victoire qu'ils allaient remporter le lendemain.

Tel est le fait que Gigoux a voulu rappeler. Le dessin et la peinture de son tableau sont corrects : c'est l'œuvre d'un homme habile, mais on n'y rencontre ni l'enthousiasme, ni le mouvement, ni la grandeur d'une scène héroïque unique au monde. Dans cette figure sans expression de Napoléon, dans ces grenadiers par trop symétriques qui semblent réunis pour contempler leur empereur, comment deviner l'exaltation qui saisit l'armée tout entière et présagea la victoire du lendemain ? C'est froid et vous laisse froid. C'est un travail honnête, ce n'est pas le tableau d'un maître. Gigoux a peint un épisode, non la grande scène qu'il rêvait.

En 1851, le talent de l'artiste paraît se rajeunir. Il expose une *Galatée*. La statue reçoit la vie ; la

partie supérieure du corps. perdant la blancheur
du marbre, prend les tons délicats de la chair.
Dans cette toile, le peintre se montre bien réelle-
ment coloriste ; la figure nue, fort belle de
lumière et de modelé, est finement traitée, elle
est d'un joli ton ; le bras gauche surtout est une
merveille. Mais pourquoi le nom de Galatée pour
cette Vénus dans la pose classique ? Puis, que
viennent faire là les mains ridicules de l'amoureux
Pygmalion ? Combien le tableau eût gagné à ce
que le sculpteur jouàt son rôle à la cantonade.

Signalons encore dans ce même musée de
Besançon un bonhomme vêtu d'une blouse bleue.
assis à une table le verre à la main, d'une bonne
facture, mais aussi vulgaire que vrai.

Nous avons parlé des peintures d'histoire et
des tableaux religieux ; comme portraitiste, Gigoux
laisse une œuvre considérable.

Nous devons mentionner le portrait du général
polonais Dwernicki, actuellement au Luxembourg.
peinture d'une exécution libre, facile et puissante ;
les portraits du général Donzelot, de Sigalon, de
Delacroix, de Delaroche, d'Antonin Moine, de
Barye, d'Alfred de Vigny, de Gabriel Laviron,
dont la figure se retrouve souvent dans ses
tableaux et ses vignettes, de Fourier, qui lui avait

été demandé par Mme Vigoureux. Le chef de l'école sociétaire est assis la main appuyée sur sa canne, fort ressemblant, mais la peinture est un peu sèche et manque de moelleux. En 1831, il avait peint le portrait en pied de Jouffroy ; plus tard il peint celui du général Lecourbe pour la ville de Besançon, qui le lui paie la somme modique de mille francs ; ceux du maréchal Moncey, de M. Lefebvre-Duruflé, de Mme de Balzac. Il peint non seulement à l'huile, mais au pastel, parfois il se contente d'un crayon. On lui doit les portraits de Lamartine et de Considérant. Dans les derniers temps, sur la fin de sa vie, il cherche un rajeunissement de son talent comme en témoigne le portrait de *Jeune Fille* du musée du Luxembourg, portrait qui indique une tendance vers un coloris plus clair et plus léger.

Ces portraits sont le plus souvent d'un faire large et simple, ils sont marqués au coin de la franchise et de la sincérité. Le peintre ne flatte pas ses modèles, mais il leur prodigue ses qualités de lumière et de dessin. Ce sont des œuvres vraies et belles de cette vérité même, et qui l'eussent conduit bien haut s'il n'eût abandonné le portrait pour l'histoire.

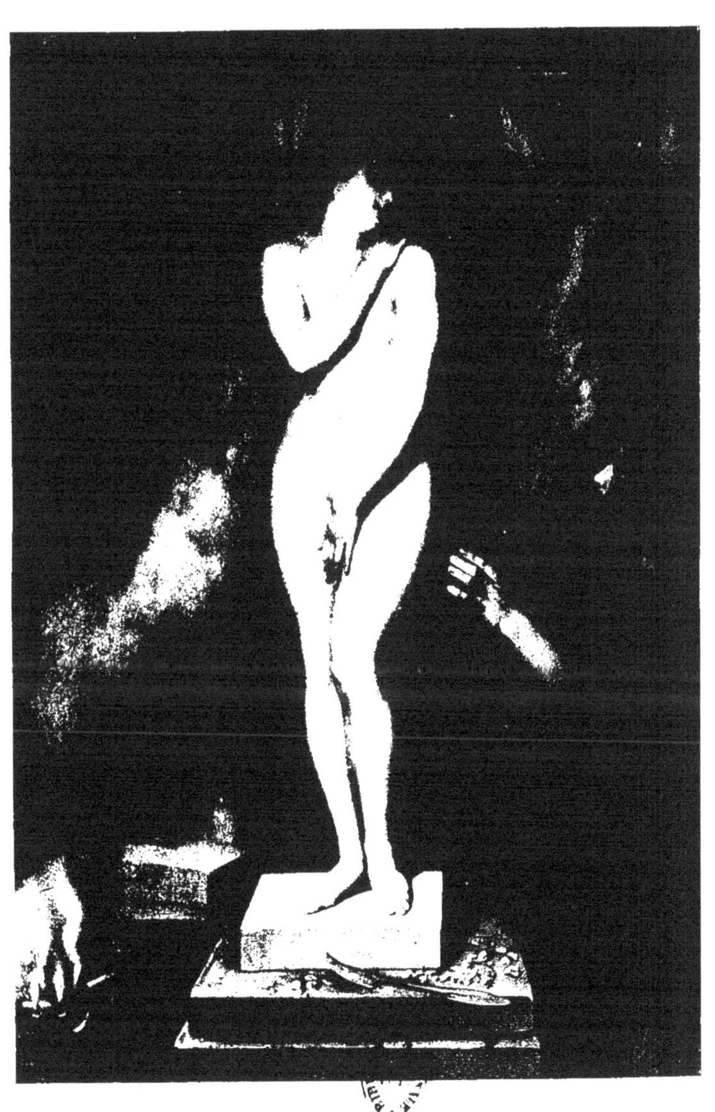

III

Nous n'avons point à faire la longue nomenclature des œuvres de Gigoux ; l'artiste, nous l'avons suivi dans ses principaux ouvrages ; c'est l'homme que nous devons faire connaître. L'homme est, comme l'artiste, intéressant à étudier.

A la cérémonie funèbre qui eut lieu à Saint-Philippe du Roule et où assistèrent tout ce que l'art comptait d'individualités éminentes, le personnel des Beaux-Arts, celui des musées nationaux, et où furent prononcés trois discours, ceux de MM. Français, Kaempfen et Bonnat, ce dernier s'exprimait ainsi :

« Il y a une trentaine d'années, un jour où je peignais, je ne sais plus où, une esquisse d'après un tableau de Ribera, un homme déjà âgé, robuste, aux épaules puissantes, s'approcha de moi, et après avoir regardé ma toile, me serra la main avec chaleur ; il me demanda qui j'étais, et me dit son nom. C'était M. J. Gigoux. Des liens d'amitié s'établirent spontanément entre nous. Depuis lors bien du temps s'est écoulé, bien des événements se sont succédé, mais pas une semaine n'a passé sans que cet homme excellent m'ait donné des preuves de sa bonne amitié, de son sincère dévouement. »

Ces mots nous révèlent la qualité maîtresse de Gigoux, la bienveillance. Bonnat lui est inconnu, mais son talent le touche et il devient son ami ; d'autres, et ils sont nombreux, en voyant grandir la réputation du célèbre portraitiste, auraient cédé à la jalousie et se seraient éloignés d'un homme dont la gloire devait éclipser la leur. Ce sentiment d'envie, Gigoux ne le connaît pas ; le fond de son caractère est la bonté, il soutient les jeunes de ses conseils et de ses encouragements, il applaudit ceux qui sont arrivés. Il ne nous convient pas de déprécier les hommes qui font de l'art leur profession, mais combien en trouverez-vous ayant cette largeur de sentiments ?

S'il apprécie le mérite des peintres ses compatriotes, c'est toujours pour en faire l'éloge. Il vénère le Bourguignon, il considère Wyrsch comme un artiste hors de pair. Chazeran lui paraît doué d'un vrai talent. « C'était véritablement, écrit-il à Weiss, un grand artiste, je pourrais dire

un grand homme. » Camille Marquiset lui semble
un peintre d'avenir : « Dites à Mᵐᵉ Marquiset.
écrit-il en 1861, que son fils Camille réussira la
peinture. que sa nature est très bonne, qu'il voit
juste et aussi qu'il a l'impression, ce que l'on
appelle l'impression soudaine ; il est plus artiste
que tout ce qui s'occupe d'art à Besançon. »
Enfin il veut faire de notre compatriote, M. Cha-
puis. un professeur à l'école de Besançon : il le
recommande à la bienveillance du maire de la
ville, il écrit à Ch. Weiss le 27 décembre 1847 :
« Ce serait une excellente acquisition, car il a du
mérite, c'est de plus un très honnête homme sur
qui vous pourriez compter entièrement ; son bon
esprit, ses manières conciliantes iraient à merveille
aux élèves ; il a été dans mon atelier longtemps :
il y a fait de bonnes, de sérieuses études. »

Il n'y a qu'un peintre pour lequel il se montre
sévère, c'est Courbet : il l'enterre tout vivant avec
une extrême facilité ; sa lettre mérite d'être citée.
elle est du mois de mars 1865, et adressée à son
confident, à son vieil ami Charles Weiss : « Vous
n'attendrez pas longtemps mon opinion sur le
tableau de Courbet ; il n'a pas de succès, et il
n'en mérite pas. Depuis quelque temps. Courbet
a mis de la négligence dans son art : cela a été

visible pour les yeux les moins exercés. J'emploie pour vous le faire comprendre un mot de M. Ingres, à propos de quelqu'un d'illustre que nous aimions tous deux, le baron Gérard : « Il a négligé la peinture, et la peinture l'a négligé. » J'ai été en froideur avec Ingres tout le reste du dîner où nous nous trouvions ensemble ; mais Ingres était dans le vrai. Courbet a fait le portrait de Proudhon d'après une photographie, et la photographie est comme les livres hermétiques, si elle pouvait parler, elle dirait à Courbet ce que disent leurs auteurs : Il y a un peu de peine à comprendre nos mots ; ou bien encore ce proverbe que nous devons à La Fontaine : « Jupiter veut qu'on s'aide, et puis il aide les gens. »

« Courbet a préféré vivre avec les natures infé-rieures plutôt qu'avec ceux qui pouvaient être ses égaux par le talent ; après ses premiers efforts, il en est resté là. Il a fait d'excellentes choses autrefois, dont les gens qu'on appelle connaisseurs ne lui ont pas tenu assez compte. Maintenant, son talent manque de ce qu'il y a de plus précieux dans les œuvres d'art, la vie.

« Je souhaite qu'il puisse se relever dans son portrait de Proudhon, la composition est bonne, la main droite indique que l'homme qui a fait ce

tableau sait son état ; il y en a peu maintenant qui seraient à même d'en faire autant ; le reste ne vaut pas le diable. Si Courbet me demandait mon avis, c'est ce que je lui dirais : il n'y a pas, à mon sens, à désespérer encore ; il peut se relever de tout cela, mais il ne faut pas qu'il perde de temps. Qu'il profite donc de la solitude où il se trouve, et quand il sera face à face avec la nature, peut-être que ses bons instincts lui reviendront. »

Cette lettre sur Courbet est la seule manifestation que nous rencontrions contre un confrère ; ce n'est qu'une appréciation erronée, on y chercherait vainement trace de malveillance.

Cette appréciation se modifia d'ailleurs avec les années. Plus tard, en 1885, il rendra justice à Courbet dans son livre sur les artistes ses contemporains et il écrira ces lignes : « Quelle peinture vigoureuse que la peinture de Courbet avant que la politique et la maladie eussent abattu cette magnifique nature. Il peignait également bien les paysages, les animaux et les figures... .. Il saisissait la fraîcheur des sources et leur clapotement et la douceur des prairies ou la majesté des montagnes, passant de l'énergie à la délicatesse ; en un mot, il prenait la nature sur le fait dans tout son charme ou dans toute sa puissance. Il est ori-

ginal entre tous : ce qu'il a fait n'appartient qu'à
lui ; il a vu par ses yeux, il n'a rien pris des autres.
Et voilà pourquoi j'aime à répéter que c'est un
vrai maître. »

La bienveillance de Gigoux n'était pas la seule
qualité de l'homme privé ; il poussait jusqu'au
fanatisme l'amour de la France et tout spécialement de la Franche-Comté. Nos succès, à une
époque où nous avions encore des succès, exci-
taient en lui un véritable enthousiasme : le 11 juillet 1830, à l'occasion de la prise d'Alger, il écrit :
« Voilà donc que ces chiens de Français d'Europe ont pris Alger, la ville du sultan : c'est ainsi
que ce sauvage nous appelait et se faisait appeler.
Gloire à nos soldats ! *La France sera toujours
France, je veux dire la première d'entre les nations.* »
Bien qu'éloigné de son pays natal, il reste attaché
de cœur à Besançon, à ses anciens amis de province, heureux de se retrouver au milieu d'eux.
« J'arrange tout, écrivait-il le 25 mars 1861, pour
arriver dans le mois de juillet ; je ferai en sorte de
passer trois ou quatre jours à Besançon, et natu-
rellement il faudra que vous me laissiez prendre
un peu de votre temps ; combien je suis en retard
avec mes compatriotes ! Il y aura à voir ceux que
je connais depuis longtemps, puis ceux qui se sont

produits depuis près de quinze ans et ceux que je
ne connais pas encore. Il faudra que vous ayez la
bonté de m'aider à me mettre en rapport avec ce
brave monde et me faire connaître à lui. J'aurai
bien quelques bons moments pour revoir les environs de Besançon, où j'ai tant et si bien couru
autrefois. Pour ceci, je n'aurai pas grand besoin
de cicerone. J'ai conservé une bonne mémoire,
doublée d'une bonne paire de jambes qui feront
bien leur service. »

De loin comme de près, il s'intéresse au musée
de Besançon, il applaudit à sa création. « Vous
avez donc ouvert votre musée, j'en suis ravi, c'est
un commencement qu'il fallait : le livret que vous
m'avez envoyé de la part de M. le maire, que je
vous prie de remercier, est considérable ; je suis
émerveillé de la quantité de noms et de tableaux
qui sont représentés dans un musée en si peu de
temps. Le catalogue est encore un service de plus
que vous rendez à Besançon, et pour ma part, je
vous en remercie de tout mon cœur. » (15 mars
1845.)

Une de ses préoccupations constantes est d'enrichir ce même musée ; dès 1846, il envoie de
nombreuses lithographies qui prirent place à
la Bibliothèque : puis des dessins précieux, puis

des tableaux. « Je viens de faire remettre trois dessins du Bourguignon chez l'encadreur, écrivait-il le 27 août 1861, pour y faire mettre des verres, et par la première occasion, je prierai M. Lancrenon de vouloir bien leur donner une place dans le musée. Le Bourguignon était notre compatriote, ce que je ne vous apprends pas, et un homme de vrai talent, ce que je ne vous apprends pas non plus. Une fois les premiers placés, nous en trouverons d'autres. »

Il avait songé à demander des peintures à son ancien maître Flajoulot : « Voulez-vous me permettre, écrivait-il à Weiss, de vous communiquer une pensée qui me vient, c'est que si M. Flajoulot est aussi en danger que je l'ai entendu conter ici, il fera sans doute un testament ; il a de fort belles gravures et quelques bons tableaux, il préférera certainement les donner à la ville plutôt que de les laisser à des particuliers ; pourvu que l'idée lui en vienne. Je ne craindrais qu'une chose, c'est qu'avec les soucis de sa maladie, il n'y songeât pas, et pour cela il faudrait que quelqu'un voulût bien s'en occuper. La chose est délicate, mais je ne sais personne qui pourrait le faire avec autant de succès que vous. Ce serait une des mille obligations que la ville vous devrait ; mais je sais

que depuis longtemps vous ne comptez plus
ensemble. »

On comprend qu'avec cette ardeur d'enrichir sa
ville natale, Gigoux ait donné à Besançon toutes
ses collections.

Pendant de longues années, il vit de son talent ;
quand la fortune lui arrive, il en fait largement
profiter ses amis ; beaucoup d'entre eux viennent
s'asseoir à sa table hospitalière ; son petit hôtel de
la rue de Chateaubriand est ouvert surtout à ses
compatriotes ; ils y sont accueillis avec la plus
grande bienveillance, avec une affectueuse cordia-
lité ; son atelier-salon devient le rendez-vous de
gens d'esprit et d'hommes de talent ; on y ren
contre des savants illustres comme Pasteur, des
peintres d'une haute réputation comme Henner.
l'un des plus fidèles habitués de la maison, Bonnat.
Français, le plus ancien élève du maître. des
hommes politiques comme MM. Méline et Wal-
deck-Rousseau. On y discute sur les découvertes
nouvelles. sur l'art, sur le théâtre, sur le roman en
vogue fort peu sur la politique, dont Gigoux ne
se préoccupait guère. Il était demeuré un libéral
de 1830, époque à laquelle il faisait des vœux
pour l'élection de M. le président Bourgon,

candidat à la députation, ennemi declaré de toute
république (1).

Sous la monarchie de Juillet, il n'avait reçu que
des faveurs du gouvernement. Louis-Philippe lui
avait commandé des travaux importants, travaux
pour le conseil d'État, pour des églises, pour des
musées. Gigoux s'était montré reconnaissant et
très dévoué au roi et à sa dynastie.

Sous l'Empire, Napoléon III lui avait acheté de
nombreux tableaux, notamment la *Veille d'Austerlitz*, et Gigoux ne paraissait pas souffrir outre
mesure du despotisme impérial, et ne songeait
point à s'insurger contre la tyrannie. Il estimait
bon d'élever des statues à des personnages historiques, même férus de monarchisme, et que les
libres-penseurs poursuivent aujourd'hui de leur
haine. En apprenant que Charles Weiss a légué à
Besançon une somme de 30,000 francs pour
l'érection d'un monument à la mémoire du cardinal
Granvelle, il s'émeut. Cette inspiration généreuse
lui fait pousser un cri de joie : « J'ai été bien

______

(1) « Voici les élections, écrivait-il à Weiss ; M. Bourgon sera-t-il nommé ?
Je le voudrais bien. Je crois pourtant qu'il aura bien de la peine par le temps
qui court. C'est un modéré, pour me servir de l'expression de notre Révolution, et il paraît que cette fois-ci on veut des enragés. Or M. Bourgon est un
sage, il cherche la vérité, mais, s'il la trouvait une fois, il ferait tous ses
efforts pour la faire triompher. Je lui crois une volonté de fer ; je désire bien
vivement son succès. »

touché, écrit-il le 29 mars 1865, de ce que vous venez de faire en mémoire du cardinal. Voilà un grand exemple que vous donnez à notre pays. Il faut espérer que vous trouverez des imitateurs. Dans tous les cas, vous avez ouvert une voie bien honorable à ceux qui voudront vous imiter. »

Gigoux n'avait pas deviné — il y a des choses qu'on ne devine pas — que plus de trente années s'écouleraient sans que les dernières volontés de Charles Weiss fussent mises à exécution.

Nous avons défendu Gigoux contre l'imputation d'un orgueil exubérant ou encombrant, imputation exagérée et injuste ; il nous faut maintenant souffler sur une légende qui représente le maître comtois comme possédant à un degré éminent l'esprit de conversation et qui vante le charme de ses récits. En réalité, Gigoux était peu parleur, sérieux, réfléchi ; il n'avait pour lui ni l'élégance de l'homme du monde ni la distinction de manières, et il s'en inquiétait fort peu ; son enfance s'était passée dans un milieu où ces qualités ne s'acquièrent pas ; aussi est-il demeuré dans sa vie et dans son œuvre une nature toute personnelle, n'empruntant rien aux autres, mais restée en réalité, et par l'effet de l'atavisme, un peu fruste. L'originalité de son faire a été son mérite en peinture, son insouciance pour les raffinements mondains lui a été reconnue comme un droit.

Considéré comme homme ou comme peintre, Gigoux a toujours été lui-même.

Peut-être eût-il fallu respecter la légende, mais nous faisons un portrait, non un panégyrique.

L'heure du repos venue, au déclin de sa vie, lorsqu'il délaissa la peinture, Gigoux crut pouvoir s'improviser écrivain. Au commencement de l'année 1885 parurent ses *Causeries sur les artistes de mon temps*. Le livre avait été précédé de nombreux articles élogieux, où l'auteur, le doyen des artistes comtois, était représenté comme l'ami de toutes les notabilités de notre siècle. On s'attendait à de piquantes révélations ; il semblait que ses souvenirs, ses aperçus sur l'art, ses observations personnelles, ses commentaires lumineux, devaient constituer une œuvre des plus curieuses ; n'avait-il pas été mêlé à ces existences d'artistes bruyantes, accidentées, orageuses, passionnées ? N'avait-il pas été en relations avec tous les peintres et les sculpteurs en renom, et en dehors du monde des arts, avec les littérateurs, hommes politiques, acteurs célèbres ? Il avait connu Béranger, Balzac. Mme de Hanska, M. Thiers, Ingres, David d'Angers, le baron Gérard, Delacroix, Fromentin.

Thoré, Théophile Gauthier, Barye, le philosophe
Jouffroy, Corot, Marilhat, Théodore Rousseau.
Il avait dans sa jeunesse lithographié avec beaucoup de grâce quelques têtes d'études choisies
dans les compositions de Jean-Baptiste Regnault,
et il était resté lié avec le peintre de l'Éducation
d'Achille. Il l'avait entendu fredonner peu de
temps avant sa mort deux ou trois couplets que
lui avait chantés Sedaine et dont le sens était
celui-ci : « Ne blessez jamais l'amour propre de
personne. » « Ce conseil, avait ajouté Regnault,
sera votre part dans mon testament. » Il avait vu
Millet, le grand Millet, échanger un tableau
qu'il venait de finir contre une toile vierge qui lui
manquait ; il avait entendu le roi Louis XVIII
dire à Géricault, en lui remettant la médaille :
« Vous venez de faire un naufrage qui n'en est
pas un pour vous » ; il avait vu Mme Vigée-Lebrun,
qui, âgée de soixante-seize ans, alors qu'il en avait
trente, s'intéressait à ses débuts, s'attendrir et
pleurer sur Marie-Antoinette ; il avait discuté de
science avec Humboldt et d'esthétique avec
Charles Blanc ; il avait parcouru, étudié l'Italie,
visité l'Angleterre, admiré ses chefs d'école ; il
avait été le confident d'Alfred de Vigny, il avait
connu l'amie du poète, la grande actrice, Mme Dor-

val, la tragédienne hors de pair Rachel, Frédérick
Lemaître, et la plupart de ceux qui ont contribué
à la réputation de nos théâtres lyriques ou drama-
tiques. Combien d'appréciations, d'aperçus ingé-
nieux, d'anecdotes allaient se succéder sous la
plume de l'artiste comtois ! Comment ne pas espérer une œuvre, sinon bien ciselée, du moins for-
tement pensée ?

Le livre contient quelques détails curieux ; à
côté d'anecdotes parfois dénuées d'intérêt sur des
amis de Gigoux, sur des artistes en renom, on y
rencontre des renseignements précieux. Le peintre
écrivain nous raconte comment Delacroix com-
posait ses tableaux ; ses croquis, ses pochades le
mettaient en verve. Tous les matins avant de
grimper sur ses échafaudages, il crayonnait une
ou deux figures d'après Raphaël. C'était sa
manière de faire sa prière. Le même livre nous
apprend que la gloire ne donne pas toujours la
fortune. Ingres vivait parmi ses amis comme un
prophète, mais il paya cher sa réputation. Un jour
que Granet lui faisait une visite à Florence, il
étendit le bras pour l'empêcher d'entrer et lui dit
ces paroles navrantes : « Oh ! n'entre pas ici, tu
trouverais la misère. » Sa première femme l'aidait
à vivre du produit de son aiguille. Lui-même faisait

quelques petits portraits au crayon pour se créer des ressources. Le même livre dépeint bien Courbet appréciè avec raison son grand talent, et nous raconte ses vantardises. le mot du peintre d'Ornans : « C'est moi et Perron qui peignons le mieux de tout Paris » ; mais le plus souvent Gigoux dessine d'un trait vague, sans nouveauté et sans relief. les figures les plus célèbres, admirant en bloc les talents les plus divers et même les plus contraires. Eugène Delacroix comme M. Ingres, Géricault comme le baron Gérard. Hippolyte Flandrin comme Courbet. Pradier comme Préault. n'essayant même pas de caractériser leur mérite, leur influence. de mesurer la part qu'ils ont prise aux évolutions et révolutions de l'art contemporain. Gigoux n'était pas tenu d'être un littérateur. mais il était permis d'espérer qu'il ferait un choix parmi les très nombreux peintres, sculpteurs, architectes. musiciens, écrivains et poètes qu'il avait connus et coudoyés pendant sa longue carrière.

La dernière pensée de Gigoux a été pour son pays. pour Besançon, la ville où il était né. En 1870. il avait fait don à Besançon d'une remarquable collection de dessins. de lithographies, de gravures. d'aquarelles de prix. Son testament nous fait une part plus généreuse encore dans les mer-

veilles qu', durant sa longue vie, sa science, ses
relations et son goût lui avaient permis de rassem-
bler. Tous ces trésors, il les lègue à la ville, à
l'exception de deux tableaux qu'il réserve au
Louvre. Il y aurait un magnifique musée à composer avec ces richesses artistiques, surtout si on
y joignait d'autres richesses amassées par un autre
Comtois qui conserva toujours le culte du beau
avec une sainte tendresse d'artiste, qui fut à la
fois antiquaire, bibliophile, numismate, architecte
et dessinateur du plus haut mérite. Rien de plus
curieux que cet ensemble d'œuvres précieuses et
amassées par Adrien Pâris. Ici, ce sont des eaux-
fortes de Rembrandt, de Callot, de Berghem, de
Lepautre ; là, ce sont des gravures de Saint-Non,
d'Eisen, de Cochin, de Saint-Aubin ; voici des
tableaux de Fragonard, de Boucher, d'Hubert
Robert, de Vincent, de Greuze, d'Houet, de
Deshayes, l'élève de Vanloo ; puis ce sont des
dessins, neuf cents dessins de maîtres, sans
compter ceux émanés de Pâris. Pourquoi toutes
ces merveilles sont-elles enfouies dans des cartons
ou disséminées et ignorées du public ? Pourquoi
ne pas en composer un musée à côté du musée
Gigoux et qui serait aussi ouvert aux curieux, aux
artistes, aux érudits ? Nous ne ferions que suivre

de grands exemples donnés par de grandes cités.
Fraternellement associées, ces deux belles collections seraient l'honneur de notre ville, visitées par
les étrangers. C'est dans le palais Granvelle,
agrandi et embelli, qu'elles devraient être placées.
Quel beau cadre pour elles que ce vieil édifice
d'un caractère si pittoresque, au centre duquel
s'élèverait, à la mémoire du grand cardinal, le
monument dû à la générosité de Charles Weiss et
à l'habile ciseau du sculpteur Jean Petit !

Quelle ville ne nous envierait un si magnifique
ensemble !

Nous sommes arrivés aux dernières années de
la vie de notre éminent compatriote : ce fut une
vie de labeur incessant, passionné et en même
temps de succès : à quatre-vingt-sept ans, il ne
consentait pas à abandonner ses pinceaux, bien
que certaines de ses toiles accusassent trop les
glaces de l'âge : ce fut une vie heureuse, car il fut
constamment entouré d'amis nombreux et fidèles,
presque des admirateurs, fut célèbre à trente ans
et soutint vaillamment une notoriété prématuré-
ment conquise.

Sa place est marquée dans l'histoire de la peinture du XIXᵉ siècle. Rénovateur hardi, il y occu-

pera une grande et belle page. Sera-t-il placé au
premier rang des grands maîtres de l'école française ? Il en a la science, la vigueur, la puissance.
Il se distingue comme eux par la sûreté dans le
dessin, la lumière, la fermeté du ton. Peut-être
n'a-t-il pas comme eux l'imagination, la distinction, le style, l'élévation native. La poésie, bien
plus que les moyens matériels, lui a fait défaut ; le
charme que donnent l'élégance des formes et la
hauteur de la pensée, il ne sait pas toujours le
sentir et le faire comprendre. Il est suffisamment
correct, il n'est pas toujours touchant et tra-
gique.

Gigoux n'en est pas moins un grand peintre :
il est de plus un patriote généreux à qui notre
cité doit une reconnaissance qu'elle ne lui mar-
chandera pas.

Lorsque fut transporté à Sainte-Marie Nouvelle
un de ces tableaux de Giotto qui commandaient
l'admiration à cette époque primitive, la ville de
Florence toute entière se leva pour accompagner
en triomphe l'œuvre merveilleuse, et le faubourg
qui la reçut en prit le nom de *borgo allegro*, faubourg joyeux.

Le 17 décembre, la ville de Besançon tout
entière se levait à son tour pour honorer les
obsèques de celui de ses enfants dont la gloire
s'étendait sur elle et dont les bienfaits méritaient
sa profonde gratitude.

Un dernier bonheur, couronnement de sa longue et laborieuse vie, était réservé à ce vieux
Comtois qui avait conservé fidèlement la foi de ses
pères, celui de recevoir sur son cercueil les béné-
dictions de l'Église dans cette basilique de Saint-
Jean où, quatre-vingt-neuf ans auparavant, il avait
reçu le baptème.

JEAN GIGOUX

JEAN GIGOUX

LE CATALOGUE DE SES ŒUVRES

Il y a de longues années déjà, un éminent critique disait de Jean Gigoux : « Il s'est levé de
grand matin, et il travaillera jusqu'à la dernière
heure. » La prédiction s'est réalisée. Pendant trois
quarts de siècle le vénérable peintre a travaillé
vaillamment sans repos ni trêve ; on comprend ce
que peut donner un labeur aussi assidu, aussi per-
sévérant de la part d'un artiste de facilité et de
talent ; aussi l'œuvre de Gigoux est considérable,
on pourrait dire immense. Il traçait sillon contre
sillon, toujours ardent à cultiver cette terre ingrate
qui produit si peu d'épis au jour de la moisson.

Ce qu'il a fait de dessins, de vignettes ne peut se
compter : il n'y a que ses tableaux qui se comp-
tent ; ses tableaux ils sont malheureusement disséminés un peu partout, et il est difficile d'en établir
le catalogue complet. Nous nous bornerons à
marquer les principaux en indiquant pour quelques-
uns les salons où ils furent exposés, les musées
qu'ils décorent aujourd'hui, les noms de leurs
heureux possesseurs.

1828. *Une soirée d'Automne ou le Retour du Chas-
seur.*

Tête de jeune fille (1re peinture que Gigoux
ait faite d'après nature), à M. Lapret

1829. Portrait de Mme Elisa Mercœur.

Education d'Achille (dessin), à M. Lapret.

1830. Portrait de Mme Gaudillot et de sa fille
Mme Hector Crémieux, à Mme Gagné.

Portrait de M. Th. Jouffroy.

» de M. de Belleyme.

» de M. de Polignac.

» de M. Courvoisier, gr des sceaux.

Faucheurs, à M. Lapret.

Jeune fille au bord de la mer, à M. Lapret.

1831. Portraits à la mine de plomb.

La Fiancée (lithographie).

Une mère au berceau de son enfant (lithographie).

1832 Le général Comte Ostrowski.

Portraits des deux frères Alfred et Tony Johannot.

Dix paysages de Franche-Comté (lithographies).

Portrait de Mouilleron, à M. Paul Lapret.

Intérieur de maison à Morre, à M. Lapret.

1833. *Henri IV écrivant des vers sur le missel de Gabrielle d'Estrées.*

Portrait de femmes peignant d'après nature.

Le général Dwernicki, au Luxembourg.

Un maréchal-ferrant, portrait de Gigoux, le père, à M. Paul Lapret.

Portrait de M. Delacroix.

    »   de M. Delaroche.

    »   de M. Antonin Moine.

    »   de Sigalon.

    »   de Mme Taglioni.

Baldassan Peruzzi, faisant le portrait du connétable de Bourbon.

Colin et Serizette (lithographie).

1833. *Le tombeau de Marie* (lithographie).

La déclaration. »

Les reproches. »

Serait-ce elle ? »

Serait-ce lui ? »

La réponse. »

1834. *Saint Lambert et Mme d'Houdetot*, au musée de Besançon, acheté en 1895.

Héloïse recevant Abeliard au Paraclet.

L'horoscope, au musée de Besançon.

Le Comte de Cominges reconnu par sa maîtresse.

Portrait de M. Taillandier, député.

Incertitude (lithographie).

Portrait de Mlle Journet.

Portrait de M. G. L.

Portrait de M. Arsène Houssaye.

François de Lorraine, duc de Guise.

1835. *La mort de Léonard de Vinci*, musée de Besançon.

Andrea del Verocchio remettant sa palette à son élève Léonard de Vinci.

Maria, du Dante Allighieri.

Elisabeth d'Angleterre, château de Kenilworth.

Laure et Petrarque.

1835. *Le lever de Mme Du Barry.*

Convalescence.

Jacquot.

1836. Portrait en pied de Ch. Fourier.

Portrait en pied de Mme Giralson.

Femme en prières.

Le château de Pierrefonds, à M. Lapret.

Le prince des Asturies, à M Lapret.

1837. *Antoine et Cléopâtre essayant des poisons.*

Mignon.

Portrait de Mme Tourneux.

Une cascade (aquarelle), à M. Lapret.

1838. Portrait d'Alfred de Vigny.

Portrait de Barye.

La Pompadour.

Mlle de Belle Isle (lithographie).

1839. *Le Christ au jardin des Oliviers.*

Le mariage de la Vierge, copie d'après
  Raphaël, à M. Lapret.

Portrait de Philibert de Chalons.

Portrait du Maréchal Moncey.

La Madeleine à genoux.

Copie d'après Raphaël d'un plafond de la
  Farnesienne, à M. Lapret.

1840. Portrait du lieutenant-général Comte Dou-
  zelot.

1840. Portrait de Jean de Chalons.

Paysage (Château de Beauregard). à
M. Lapret.

Copie d'après Paul Veronèse, à M. Lapret.

1841. *Sainte Geneviève*. à Saint-Germain-l'Auxerrois.

Martyre de Sainte Agathe.

*Rencontre à Nanterre de Sainte Geneviève et
de Saint Germain.*

Sainte Geneviève (esquisse), à M. Lapret.

1842. *Souvenir de la jeunesse d'Hoffmann.*

Latude.

Portrait de Percier.

Saint Philippe guérissant une malade.

Portrait de Mme C. Mennechet, pianiste.

Portrait de Fontaine, architecte.

    »   du général d'Hermoncourt.

    »   de Kontski.

    »   de Paul Lacroix (bibliophile Jacob).

1843. *Le Repos* (tête de femme).

Le Domino (femme ôtant son masque).

Portrait de Mme Ancelot.

La Marquise de Noailles (pastel), à M. Paul
Lapret.

Christ mort veillé par les anges, à M. Lapret.

1844. *Le baptême de Clovis.*

1844. *Saint Louis en Palestine.*

Jeune fille grecque.

Portrait de David d'Angers.

Portrait de la mère de Jean Gigoux. à
M. Lapret.

1845. *La mort de Manon Lescaut.*

La mort du duc d'Alençon.

Portrait du violoniste Bessems.

» de Preault.

» d'Eugène Renduel.

» du général Rosen.

Portrait de M. Hector Martin.

» de M. Mussurus.

» d'Overbeck.

» de Szlegel.

» de David d'Angers.

1847. *Héloïse en Bretagne.*

Portrait du général Lecourbe.

1848. Portrait de M. du Bodan.

» de M. Vejux.

» de M. Convers.

» de M. Tanchard.

» de David d'Angers.

1849. Esquisse du tableau *La Cléopâtre.* à
M. Lapret.

Portrait de Mlle J. (dessin).

1849. Portrait de Mlle D. (dessin).

1850. Portrait de Mlle Hélène de F.

»   de Mlle Clodine.

Le Christ mort.

La mort de Cléopâtre.

Portrait de Mme de R.

Une grisette.

Portrait de Mlle Ethel.

»   de Mlle Sophie G.

1851. Portrait de Delacroix.

»   de M. André Durand.

1852. *Galatée,* au musée de Besançon.

La Madeleine.

Portrait de M. Battard.

1853. *Les Vendanges.*

Portrait de la Comtesse Georges de Mnis-
zech.

Intérieur de l'atelier de Jean Gigoux.

1855. *La Moisson.*

Portrait (dessin).

1857. *Le bon Samaritain.*

La veille d'Austerlitz, au musée de Besançon.

Tête d'homme âgé lisant.

1859. *Arrestation sous la Terreur.*

*Jean Gigoux peignant le portrait de Mme de
Balzac.*

1859. Portrait de Mlle Doge, de la Comédie
       Française, à M. Lapret.
       Portrait de la baronne de Saavedra, à
       M. Lapret.
1861. *Une tête de Sarrazin.*
       Une fuite en Egypte, église Saint-Gervais.
       Un repos en Egypte, église Saint-Gervais.
       Portrait du Comte Georges de Michech.
1862. *Une mise au Tombeau,* église Saint-Gervais.
       Une Résurrection, église Saint-Gervais.
       Salon de Mme de Balzac, à M. Lapret.
1863. *Charlemagne dictant ses capitulaires.*
       Portrait de la Comtesse de M. (dessin).
1864. Portrait de Mlle Marie de K. (dessin).
       Ruyter enfant, à M. Lapret.
1865. Portrait de M. Lefebvre Duruflé.
          »   de Pierre Dupont, à M. Lapret.
1866. *La Poésie.*
1867. *Première rêverie.*
1868. Portrait, étude (dessin).
1869. Portrait du Comte Léon M. (mine de
       plomb).
1870. *Le dernier ravissement de Sainte-Madeleine.*
1872. *Le Pêcheur et le petit poisson.*
1875. *Le père Lecour.*
1876. *Un jeune garçon.*

1876. Portrait de Mlle L.

1877. *La jeunesse de Ruyter.*

1878. *La fontaine de Jouvence.*

1879. *La belle au bois dormant.*

1880. *Au désert.*

   Marthe.

1881. *Au désert*, figure nue, à Mme de Balzac.

   Marthe, tête de jeune fille,   »

1882. Portrait de M. Maxime Lalanne.

1883. *Un paresseux*, tête d'enfant.

   *Entrée de l'hôtel de Jean Gigoux, rue Cha-
   teaubriand*, à M. Lapret.

1884. *Portrait de femme* (de profil), à M. Henri
   Bouchot.

   Portrait de Mme Madeleine Bartoli.

1885. Portrait de Mme M. Vouga.

1886. *Le dernier jour de Jeanne d'Arc à Dom-
   remy*, à M. Lapret.

   Tête de jeune fille (étude).

1887. Portrait de jeune fille, au Luxembourg.

1888. Portrait de Mme de Lhogadès.

   La source de la Loue, figure nue.

1889. *Pancrace.*

   Coco la Pierre, à M. Lapret.

   Une âme en route pour le Ciel.

   Portrait de Marthe, à M. Firmin Javel.

1890. *Printemps, jeunesse de la vie.*

1891. Portrait de M. Jules Simon, de M. Bonnat.

     » de M. Jean Bouchot, à M. H. Bouchot.

     » de Courbet, à M. Courbet, receveur municipal à Paris.

1892. Portrait de M. Henner.

     Tête de jeune fille (étude).

JEAN GIGOUX

JEAN GIGOUX

LE COLLECTIONNEUR

Jean Gigoux ne fut pas seulement un artiste
d'un haut mérite, un rénovateur hardi qui occupera
une belle page dans l'histoire de la peinture du
xix⁰ siècle, ce fut un amateur éclairé, passionné
pour l'art, un collectionneur de peintures et de
dessins précieux.

Il y a cent-cinquante ans, les collections de
dessins étaient grandement en honneur : on dépen-
sait des sommes considérables pour une esquisse.
Crozat amassa des trésors ; Vasari, le célèbre
biographe, laissa une très grande quantité d'œuvres curieuses ; des peintres, Stella et Antoine

Coypel, des princes, le duc Philippe d'Orléans, régent, firent eux aussi des collections : un des amateurs les plus distingués fut Marietti qui sur le refus du cardinal de Fleury, un grand politique qui appréciait peu les arts, d'acheter la collection de Crozat, s'en rendit acquéreur au prix de cent mille francs, entassa chez lui dessins, tableaux, marbres, livres et gravures rares, qu'il gardait comme un avare ne garde pas son or.

Le ministre Calonne fut aussi un chercheur, un collectionneur émérite.

Plus tard, des amateurs éclairés suivirent l'exemple qui leur était donné ; parmi eux Lucien Bonaparte, le général Sebastiani, le receveur général Laperrières, et M. de Talleyrand.

Cette passion pour le beau gagna de bonne heure les provinces.

En Franche-Comté, les bibliophiles furent légion. Les collectionneurs de tableaux furent moins nombreux, mais quelques-uns amassèrent de vrais trésors.

Nous ne citerons que le cardinal de Granvelle, dont le palais fut le rendez-vous des érudits, des lettrés ses contemporains, et qui orna et embellit sa demeure de peintures de haut prix ; Jean-Baptiste Boizot qui avait rapporté de ses voyages

à travers l'Italie et l'Allemagne, non seulement des
des bronzes, des marbres et des médailles, mais
un grand nombre de tableaux : le duc de Tallard,
gouverneur de la province, dont le cabinet était
admiré par les savants et les étrangers et renfermait
d'après M. Courbouzon « les traits de la nature
et du génie qui caractérisent les grands maîtres » ;
le conseiller Chifflet qui possédait un original
d'Albert Durer, deux Van Dick, un grand paysage
de Rubens, des tableaux des deux Breugel, du
Titien, de Vanderost et des miniatures merveilleuses du temps de Philippe II ; le président de
Vezet, dont les peintures et les livres furent pillés
et volés sous la Terreur.

Aujourd'hui l'amour de la collection disparaît
peu à peu ; les grandes collections sont moins
nombreuses, surtout en province. La Révolution
leur a porté un coup fatal : les guerres de la
République et de l'Empire en ruinant le pays ont
dispersé une foule de chefs-d'œuvre. On n'achète
plus de grandes et larges toiles, et il n'y a place
dans nos appartements modernes, relativement res-
treints, que pour de petits tableaux, des peintures
de chevalets. Nous le regrettons. Les collectionneurs sont gens utiles : ils rendent à l'art de véritables services ; ils fécondent le champ de l'érudition.

Jean Gigoux collectionna dès sa jeunesse, dès que son talent lui eut assuré des ressources ; il raconte lui-même « qu'à la salle des ventes, bien que sa bourse fut mince, il s'emballait de la plus belle façon et que ce diable de métier d'amateur le poussait toujours plus qu'il ne voulait. » Ne nous étonnons pas s'il a recueilli une ample moisson.

Il aimait non seulement la peinture, mais les bronzes, les marbres, les livres eux-mêmes. Dans une lettre du 25 mars 1861, il disait à Charles Weiss : « Vous aurez affaire cette fois dès mon arrivée à un véritable amateur, qui mène de front deux collections. Vous pourrez juger par vous-même que je ne suis pas tout à fait un profane à l'endroit de la bibliothèque ; je sais un peu ce que vaut une belle édition ; je sais aussi apprécier une reliure fine et soignée. Nous irons voir vos collectionneurs, vos antiquaires. »

La passion du tableau l'emportait sur la passion du livre.

Il n'avait de prédilection marquée pour aucune école et recueillait tout ce qui lui semblait avoir une valeur artistique. C'était un éclectique. Toutes les écoles sont représentées dans son musée de peinture.

Parmi les vieux maîtres de l'art français nous

citerons Lesueur, Poussin, Rigaud, Vouet, Claude
Lorrain, Jean Jouvenet, Largillière, Lantara,
Fragonard, David, baron Gérard, Géricault ;
parmi les modernes, Ingres, Henner, Cabat,
Baron, Couder, Français, Alfred Johannot, Bon-
nat, Théodore Rousseau.

Dans l'école flamande nous rencontrons Rubens,
Jordaens, Ph. Wouvermans, Lucas Cranach et
Liévens.

Dans l'école italienne Le Guerchin, Tiépolo,
Le Titien, Guido Reni, Le Tintoret.

Dans l'école espagnole Zurbaran, Ribéra, et
d'autres peintres moins connus.

Dans l'école anglaise deux portraits du Lawrence
dont Gigoux a toujours admiré le coloris et la grâce,
deux tableaux d'Hogarth, une marine de Bonington.

Dans cette nomenclature nous nous en sommes
surtout rapporté au catalogue ; peut-être y a-t-il
des tableaux apocryphes ; qui pourrait dire hardiment, à l'exception de quelques œuvres saillantes : Ceci est une peinture de tel ou tel maître.
Les tableaux ne sont-ils pas mines à contestations
et même à procès ?

L'école française est de beaucoup la plus riche,
et contient des œuvres de haut prix.

Les portraits sont relativement en grand nombre.

LES PORTRAITS

Le portrait ne doit pas être seulement la reproduction exacte d'une figure ; il faut faire le portrait de l'âme comme celui des traits. Quand la statue est faite, il faut savoir dérober pour elle le feu sacré, saisir cet idéal qui fait la vie et le charme des figures, cet idéal que donne l'âme. Mais pour saisir cette âme au passage et la fixer sur la toile par la magie de la couleur, il faut un peintre de génie qui ait le don de la création.

Même dans les galeries du Louvre en passant devant les mille portraits qui y sont ensevelis, combien on est tenté de s'écrier comme Salomon au livre de la sagesse : *Effigies sine anima.*

L'âme apparaît dans plusieurs portraits de la brillante collection. Voici d'abord un des meilleurs tableaux de Ribéra, le portrait d'un architecte

où le grand peintre se montre avec son merveilleux talent. Le personnage est bien campé, il tient
de la main droite un compas, il appuie la main
gauche sur des papiers. La pensée, la vie intellectuelle domine dans cette figure intelligente à la
physionomie vive et ardente. Le peintre qui excellait dans la science du clair obscur, dans l'habile
distribution des ombres et des lumières se révèle
avec toute l'énergie, toute la vigueur, la puissance
de son génie

Ribera ne représente pas seul l'école espagnole ; Gigoux possédait une autre merveille, un
portrait de moine, de Murillo. Le religieux est en
prières, il a les mains jointes, mais à côté du sentiment religieux, il y a une pénétration, une finesse
d'expression admirablement rendues. Non seulement la figure, mais les mains prouvent que cette
peinture est bien l'œuvre d'un maître.

Voici encore une peinture d'un vrai mérite, qui
nous paraît être de Frans Hals, un portrait
d'homme riant aux éclats. C'est d'un dessin pré-
cis pris sur le vif, pris sur nature. Le peintre étu-
diait finement son modèle, copiait fidèlement, puis
avec des touches larges et hardies finissait son
œuvre qui prenait alors de la vigueur et de l'expression. Frans Hals a peint ce buveur avec

autant de coloris que de fermeté et de pureté de lignes. C'est une peinture originale, elle sera pourtant contestée : pour nous, il y a des vigueurs, des coups de pinceau que l'on n'imite pas, qui sont des coups de maître.

Arrêtons-nous devant une autre œuvre digne d'attention, un portrait de femme blonde appuyée au dossier d'un fauteuil, et tenant une rose à la main, par Terburg. Quel travail habile ! Quelle exécution savante et soignée ! La couleur est vaporeuse, les étoffes font illusion. Tout est étudié avec la finesse hollandaise.

De l'école italienne Gigoux avait des œuvres des meilleurs peintres, un portrait d'une dame vénitienne, attribué au Giorgione, un portrait du duc de Ferrare peint par le Titien, c'était du moins l'opinion de l'érudit collectionneur : nous lisons en effet dans ses *Causeries sur les Artistes* ces lignes : « J'avais aperçu dans une grande vente un portrait du duc de Ferrare annoncé comme étant du Titien. Je priai alors Thoré qui devait rester à la vente pour lui-même d'enchérir pour moi ce tableau jusqu'à tel prix. Je laissai là mon Thoré et revins le trouver le soir. — Le tableau est à vous, me dit-il, d'un air content. Figurez-vous que Mundler (c'était un grand expert allemand

que tous les amateurs d'Europe consultaient) est
venu me féliciter. Je lui ai répondu que ce n'était
pas à moi, mais à Jean Gigoux. — Eh bien, me
répliqua-t-il, vous pouvez dire à M. Jean Gigoux
qu'il ne faut pas vendre ce tableau moins de
40,000 francs. »

Le Titien a fait de merveilleux portraits, il peignait d'un pinceau délicat, d'un coloris lumineux
et plein de vigueur les femmes et les enfants ; ses
compositions attestaient son génie, personne n'a
mieux entendu le paysage et le clair obscur. Le
portrait du duc de Ferrare a d'éminentes qualités :
le vêtement de toile blanche qui recouvre la poitrine indique autant que la figure la main du
Titien ; malheureusement le tableau a été restauré,
retouché, avec une habileté contestable, puis
comme le disait lui-même son heureux possesseur,
il y a tant de surprises à l'hôtel des ventes !

Mais le Titien a d'autres œuvres qui donnent
bien l'idée de sa valeur, une tête d'homme de trois
quarts, un saint Christophe portant l'enfant Jésus.

Toutefois, à ces peintures nous serions dispo-
sés à préférer le portrait d'un grand seigneur
debout près d'une fenêtre, la main gauche tenant
un gant, la main droite sur la poitrine. Il y a dans
l'ensemble de l'ampleur, de la dignité, il y a dans

l'exécution le talent d'un grand artiste. Le paysage
qui se voit par la fenêtre ouverte et qui est traité
avec une extrème finesse forme un excellent contraste avec la figure largement peinte. Le portrait
est du Tintoret. C'est une des bonnes peintures
de la collection.

Le Tintoret fut un des meilleurs élèves du
Titien, une des gloires de l'école vénitienne ; ses
carnations approchent de celles de son maître,
plusieurs de ses œuvres enrichissent la collection
précieuse ; notamment le portrait d'un médecin
tenant un livre et discutant comme l'indique le
geste de la main droite, un tableau représentant
une famille entière, un sénateur, sa femme, sa
fille et son fils, tableau de beaucoup supérieur aux
deux portraits en buste de sénateur.

Un doute se produit en présence d'un tableau,
un *saint évêque* qui pourrait être de Domenico Ghirlandaio. C'est l'œuvre d'un maître qui possède un
savoir sévère et profond. Comme Léonard de
Vinci, son contemporain Ghirlandaio se distinguait
par la solidité du ton, la vigueur concentrée du
dessin, l'énergie du pinceau ; il savait donner à
ses figures la poésie du mouvement, la grâce de
l'attitude. Le saint évêque pourrait bien émaner
de Bastiano Mainardi ou de San Geminiano ou de

l'un des nombreux élèves qui se formèrent à l'école du peintre florentin.

Je ne connaissais pas la vie de Jordaens, mais il me semblait que ce devait être un joyeux compère, ripailleur et buveur, si l'on en juge d'après ses tableaux et d'après cet axiome : « les peintres dessinent dans leur nature », axiome qu'il ne faut pas pousser trop loin mais qui a son côté vrai. Voyez les personnages de Jordaens, ils se disputent le prix de santé qui vaut peut-être le prix de vertu, ils sont joufflus, bien nourris, heureux de vivre ; de rides il n'y en a pas traces, mais des plis courent sur leurs larges et honnêtes visages. Pas de ces figures longues comme dans les maigres festins de Breughel d'Enfer. Je ne m'étais pas trompé et mes prévisions étaient fondées. Le portrait de Jordaens est d'autant plus curieux qu'il est peint par Jordaens lui-même, et que nous y voyons en même temps le portrait de sa femme. Jordaens a la figure et l'attitude d'un bon vivant, qui aime à rire et à boire, à faire l'amour. La tête de la femme est intelligente, et porte bien les couleurs de la vie.

Reposons nous sur une très belle figure peinte par Largillière. Il y a tout un roman dans cette belle tête que la jeunesse anime et poétise. Un

poète ne passerait pas devant elle sans rimer un
sonnet en son honneur. C'est bien une dame de
la Cour, de la Cour du grand roi, c'est de plus
une jolie, très jolie femme.

Il en est une autre dont le grand peintre a fait
le portrait avec autant de talent, qui a aussi un
manteau rouge, qui séduit moins les yeux, parce
qu'elle n'est plus aussi jeune et que les années
malgré un aimable sourire ont diminué le charme
de sa beauté.

Largillière peignait aussi des magistrats et des
abbés de cour. Le portrait de l'abbé aux grands
cheveux, la tête tournée à gauche, nous paraît
l'emporter sur le portrait du magistrat en robe
rouge.

A côté de Largillière donnons un souvenir à
son contemporain, à son ami Hyacinthe Rigaud,
qui, lui aussi, possédait à un haut degré la qualité
essentielle, la vérité, et qui eut l'honneur de trans-
mettre à la postérité les traits des hommes les
plus illustres de son temps, poètes, cardinaux,
artistes en renom, magistrats, des rois eux-mèmes,
de Louis XIV et de Philippe V. Comme Largillière, il excellait à rendre la naïveté, le mordant,
la hardiesse élégante d'une physionomie, mais il

prêtait à ses modèles une certaine dignité empha-
tique, la solennité du geste, le luxe du costume.

Le portrait de Regnard est superbe. c'est un
des plus beaux que nous ayons vu. Le poète est
représenté de trois quarts, la main droite dans les
plis de son manteau. Le peintre a campé fièrement
son modèle et l'a enveloppé d'une magnifique
étoffe de drap bleu. comme il savait les faire. La
tête est expressive, d'une rare distinction, d'un
modèle ferme et bien senti. Les draperies sont
admirables d'exécution. Les mains sont distinguées
et vraies. Rigaud a toujours peint les mains à
ravir. Toute la touche est savante et belle.

Le magistrat en robe rouge, figure trois quarts
est une belle peinture mais ne vaut pas le
Regnard.

Quant au cardinal de Polignac. des experts
habiles affirment qu'il est de Rigaud : L'assertion
nous paraît contestable.

Greuze a une toile, un portrait de jeune fille,
qui pourrait bien ne pas être de Greuze.

Chardin a un pastel authentique signé Chardin.
daté de 1776 ; c'est une copie du portrait de la
mère de Rambrandt. mais elle vaut mieux que
beaucoup d'originaux.

Plusieurs études peintes par David produisent

un saisissant contraste avec la touche légère et
moelleuse des Largillière et des Rigaud. Elles
furent faites pour le tableau du *Serment du Jeu de
Paume*.

Voici une figure au regard profond, à l'expression pensive et réfléchie, c'est le portrait de l'abbé
Grégoire. A côté, le portrait de Michel Gérard,
le paysan législateur qui étonna la Constituante
par la justesse de ses notions, puis le portrait de
Prieur de la Marne, le régicide de triste mémoire.
Ce ne sont que des ébauches bien étudiées, d'un
style simple et sévère. Comment supposer que
le grand peintre ne laisserait pas un plus grand
nombre de disciples, et que son école, qui avait
vécu par les splendides poèmes de la République
et de l'Empire, tomberait avec l'empereur et ne
retrouverait plus une seule source de vie ?

Donnons un coup d'œil à ce portrait d'homme
d'une figure grave et majestueuse, d'une physionomie intelligente, il est peint par un maître, le
baron Gérard. C'est le portrait d'un poète qui sut
conserver son esprit original, ses convictions reli-
gieuses au milieu du scepticisme de son temps,
du sage et honnête Ducis.

Nous avons raconté l'admiration profonde de
Gigoux pour les œuvres de Lawrence : son ambi-

tion d'égaler le peintre anglais. Cette admiration
s'explique en présence du portrait du duc de
Richelieu ; il est difficile d'arriver à une plus haute
perfection. Le coloris, la pose, la distinction de
la figure rappellent le faire de Van Dyck. Tout y
est merveilleusement traité et étudié. La tête est
sévèrement comprise, savamment exécutée ; l'ensemble est peint avec simplicité, la lumière est
disposée avec art. On s'arrête devant cette peinture, on y revient avec charme pour y étudier
l'esprit du pinceau qui est à la fois vigoureux,
léger et pétillant : on sait que Lawrence excellait
à peindre les jolies femmes. Gigoux possédait de
lui le portrait de la duchesse de Sussex, qui est
aussi une œuvre remarquable.

Il y a les peintres patients et les peintres inspirés ; les uns sans imagination arrivent au génie à
force de labeur et de volonté, les autres trouvent le génie au départ, le travail aidant ; les uns
s'appuient sur la science, les autres suivent l'inspiration, les uns nous charment par la sagesse de
la composition et la pureté des lignes, les autres,
par le sentiment profond et par l'éclat du coloris.

Parmi les peintres qui s'appuient sur la science
nous rencontrons M. Ingres. Il n'y a de lui qu'un
seul tableau, le portrait de Desdebans, mais c'est

un de ses meilleurs, un de ceux que l'érudit collectionneur estimait au plus haut prix, et que Ingres considérait comme une de ses principales œuvres. Ingres a su rendre avec charme et sans nuire à la vérité l'expression spirituelle et douce qui caractérisait le jeune architecte : il a de plus réussi à se montrer coloriste : il a pris soin de couvrir toute sa toile d'une couleur d'un ton rouge qui, à travers les tons transparents des chairs, des cheveux et des vêtements, donne une teinte chaude à tout le tableau qui est d'une étrange puissance de coloris et rappelle les brillantes créations de l'école vénitienne.

Dans l'école moderne nous trouvons encore une charmante tête de jeune fille d'Henner, le portrait de M. Marquiset par M. Paul Lapret, le portrait de Gigoux lui-même par Bonnat : il y a du caractère et du style. La tête vigoureuse et énergique est bien rendue. Le portrait est plein d'effet quoique très sobre ; il est peint d'une manière large et solide, il y a de la vie et de la pensée.

Enfin le portrait du père et de la mère du collectionneur peint par Gigoux lui-même. Le premier est plein de vie et d'une richesse de ton remarquable. Le père de Gigoux est debout avec

son tablier de maréchal-ferrant, c'est un homme
solide, aux épaules robustes, à la physionomie
ouverte, franche et loyale. De sa mère Gigoux
n'a peint que la figure, figure fine, expressive, aux
traits délicats et distingués qui ne rappelle en rien
le visage du peintre. On sait que sur la fin de sa
vie, la mère de l'artiste s'était retirée à la campagne, à quelques kilomètres de Paris, à Montge-
ron, où son fils qui l'entoura toute sa vie d'une
respectueuse et tendre affection lui faisait de fré-
quentes visites.

LA PEINTURE RELIGIEUSE

La religion chrétienne a offert de belles pages
aux peintres des écoles anciennes, aux artistes du
XVIᵉ siècle.

Ce qui manque à nos contemporains pour la

peinture religieuse, c'est la foi, c'est le sentiment
divin que les vieux maîtres prenaient dans leur
cœur pour le répandre sur leurs toiles ; c'est l'inspiration qu'amène le recueillement ; aujourd'hui le
peintre de religion profane trop souvent le chris-
tianisme faute d'inspiration ; il n'a guère que la
foi de commande.

Un des meilleurs tableaux religieux de la collection est un saint Sébastien de Ribera. Le saint,
un tout jeune homme, est à demi couché et se
meurt ; deux saintes femmes sont devant lui dans
l'attitude du désespoir ; au premier plan, à gauche
des armures ; dans le fond un paysage. Le saint
est dessiné d'une main savante avec les colorations
de Ribera. C'est un des principaux tableaux du
maître. Le *Saint Pierre* est moins important, vêtu
d'une tunique bleu il est appuyé sur la main droite
les yeux élevés ; on voit que le Ciel est toute la
pensée de cette figure suppliante.

Quentin Melkis aurait pu écrire sur la porte de
son atelier comme quelques vieux maîtres : science,
conscience, patience. Nul n'était plus opiniâtre
dans l'étude, nul ne gardait avec plus de ferveur
l'amour de l'atelier, nul ne visait avec plus d'ardeur à la perfection. Les deux tableaux que possédait Gigoux, la *Vierge et l'Enfant Jésus, Tête de*

Saint Jean, ont toutes les qualités qui caractéri-
saient le peintre.

Passons rapidement sur le *Saint Jean-Baptiste*
et l'*Adoration des Bergers* qui seraient, paraît-il, de
la main du Corrège. Le *Saint Jean-Baptiste* peut-
être ; l'*Adoration*, jamais le Corrège n'y a donné
un coup de pinceau. Passons aussi sur un autre
saint Jean-Baptiste, attribué au Borgognone. L'imitateur de *Léonard de Vinci* employait l'or à profu-
sion, dans les vêtements comme dans les figures :
il peignait avec plus de correction.

Voici encore un *Saint Sébastien* ; il serait du
Dominiquin, d'un des maîtres de l'école Polonaise,
vénéré par le Poussin qui considérait la *Communion de Saint Jérôme* comme un chef-d'œuvre. La
tête du martyr est expressive, l'attitude exprime
bien la souffrance, le visage laisse deviner la rési-
gnation et l'espérance. Le dessin est d'une grande
pureté ; c'est bien l'œuvre du Dominiquin.

Signalons un *Moine priant* dont les mains sont
peintes avec un admirable talent, œuvre de
Murillo ; un petit saint Jean de l'école de Murillo
dont on n'a réussi à imiter ni la touche fière et
hardie, ni les carnations, ni le coloris, un saint
Pierre fort bien peint à la détrempe, d'Holbein.

Gigoux était riche en tableaux de Simon Vouet.

Les meilleurs sont : *La mort de la Madeleine dans les bras des Anges* et une *Sainte famille*. Le patriarche de l'école française se révèle avec ses qualités maîtresses, sa touche moelleuse. son dessin un peu maniéré, mais correct.

Une autre *Sainte famille* émanerait de Sébastien Bourdon, ce qui nons paraît invraisemblable ; non seulement l'élève de Claude Lorrain n'a guère peint que le paysage, l'histoire. et les bamboches. mais sa touche était légère, son coloris agréable et nous chercherions vainement trace de son talent dans le tableau qui lui est attribué

· Zurbaran se reconnaît dans une scène biblique. la *Fuile en Egypte*. très intéressante peinture. C'est bien là le peintre énergique qui savait reproduire les figures austères et excellait dans le clair obscur et les jeux de lumière. Il y a dans les traits de saint Joseph de la noblesse, presque de la grandeur.

Un petit tableau m'attire, séduit mes yeux, il est ensoleillé. étincelant de lumière, avec des tons harmonieux et un peu bizarres, c'est un saint Roch par Tiepolo.

Les dessins de Tiepolo sont nombreux, disséminés un peu partout chez les amateurs comme chez les marchands. La plupart sont lavés de bistre

et larges d'effet, mais les peintures sont rares et fort appréciées. Le Louvre ne possède aucun tableau ni de Jean Baptiste ni de Dominique, ce qui ne saurait surprendre, les deux peintres ayant fait plus de plafonds que de tableaux. C'est surtout dans les églises et les palais de Venise que l'on peut apprécier leur talent.

Le *Saint Roch* rappelle bien Tiépolo, mais ne donne qu'une faible idée de ses brillantes qualités et de ses imperfections. Amoureux du pittoresque, habile à opposer les teintes foncées aux masses lumineuses, parlant à la vue plus qu'à l'âme, Tiépolo recherchait les raccourcis les plus extravagants, les rapprochements les plus inattendus ; il manquait de dessin, mais il possédait l'entrain, la verve, la flamme.

Le *Saint Roch* est conçu dans des données plus calmes, il est d'un coloris chaleureux, vivement éclairé et contrasté.

La *Vierge et l'Enfant Jésus* n'est que d'un disciple de Bonifazio.

La *Fortune* avec sa corne d'abondance et deux génies qui sèment de l'or sur la terre, et une allégorie représentant une figure coiffée d'un casque à cheval sur un aigle et appuyant sa main gauche

sur un livre, sont deux bons tableaux de Lesueur
et proviennent tous deux de l'hôtel Lambert.

Nous sommes des admirateurs de Lesueur.

En France, au xviie siècle, la peinture sacrée a
eu son jour, mais sans pouvoir abriter à l'ombre
de ses puissants rameaux une génération de grands
artistes. Lorsque les élèves de Simon Vouet sor-
tirent de l'atelier de leur maître pour aller visiter
l'Italie, il fut permis d'espérer que des peintres
tels que Moïse Valentin, Lebrun et Mignard ne
s'arrêteraient pas sans profit pour l'école française
devant les chefs-d'œuvre de Raphaël ou de Michel
Ange. On sait ce qui en advint. Mais il fut donné
à un autre élève de Simon Vouet, à Lesueur, qui
n'avait pas quitté la France, d'approcher du but
idéal. Le mérite lui appartient de représenter
fidèlement l'esprit religieux de son époque, et la
pénurie de talents est telle parmi nous qu'il est
encore d'usage de regarder Lesueur comme le
premier de nos peintres chrétiens. Il se place
avant Lebrun qui affuble tous ses personnages du
costume et des grands airs de gens de cour, avant
Valentin Jouvenet et tant d'autres dont le pinceau
se montre peu soucieux de son but intime, l'émo-
tion.

Il y a au musée du Louvre de grandes et spiri-

tuelles vignettes peintes par Subleyras d'après les
contes de La Fontaine. L'une d'elles représente
la *Courtisane amoureuse*, une seconde, les *Oies du
père Philippe*. L'artiste s'y montre plein de sou-
plesse, de finesse et de grâce. Mais Subleyras
n'était qu'exceptionnellement un peintre de genre :
il a peint surtout des tableaux religieux : le *Repas
chez Simon*, la *Madeleine*, *Saint Bruno*, le *Martyre
de Saint Pierre* dont le Louvre possède une
esquisse. Le musée Gigoux a de Subleyras un
Père de l'Eglise ; catalogue vous vous trompez :
Subleyras avait une bien autre élégance, et une
plus jolie couleur.

Mais le catalogue est dans le vrai lorsqu'il
attribue au Tintoret le *Baptême du Christ*, bonne
et solide peinture.

Le *Mariage de la Vierge* est considéré avec
raison comme l'œuvre de Jean Jouvenet.

Granet a des tableaux nombreux dans la collection et mérite une mention toute spéciale.

Il semble que Gigoux ait tout spécialement
affectionné sa peinture. Il y avait entre eux une
certaine anologie d'origine : Granet était de naissance modeste, fils d'un simple maître maçon :
comme Gigoux il était dans sa jeunesse sans ressources et la fortune ne lui sourit qu'à regret, il

dut péniblement lutter à Paris et en Italie pour
conquérir la notoriété. Gigoux avait collectionné
de ce peintre de talent cinq ou six tableaux, inté-
rieurs de monastères, moines ou capucins.

Granet était un de ces peintres qui savent leur
métier, mais qui n'arrivent jamais à des œuvres
parfaites, il leur manque toujours quelque chose,
presque rien, mais ce presque rien qui les sépare
des grands peintres, ce presque rien que possé-
dèrent tant d'autres moins savants. Il avait gagné
une première petite bataille, puis il n'avançait plus.
Dans le *Moine peignant*, vu de dos, dans le *Capucin
en prière*, il continuait à interpréter le catholicisme
au point de vue des monastères. Les personnages
sont peints d'une touche heureuse et solide, mais
Granet n'était pas né coloriste, et n'arrivait qu'à
force de préoccupation aux effets de lumière ;
l'éminent académicien n'en était pas moins reconnu comme un talent sérieux et indiscuté.

Granet avait pour Gigoux un véritable attache-
ment. Un jour qu'il recevait sa visite, il lui offrit
le dessin qu'il venait de terminer, en lui disant :
« Toutes les fois que vous viendrez me voir, vous
en prendrez un à votre choix. »

Rien de Paul Flandrin, mais de H. Flandrin.

une *Sainte vêtue de blanc* qui fut exécutée en grand à l'église Saint-Vincent de Paul.

Nous sommes loin d'avoir énuméré tous les tableaux de prix, nous avons omis plusieurs œuvres de mérite, sans nom d'auteur, de l'école espagnole, des tableaux imitation de Giorgione, il fallait se limiter et nous ne pouvions tout dire.

PEINTURES D'HISTOIRE, TABLEAUX DE GENRE

MYTHOLOGIE

Jusqu'ici j'ai examiné les portraits, puis la peinture religieuse, pour être logique je devrais étudier la peinture historique, le tableau de genre, les tableaux mythologues, les sujets bibliques, puis

les paysages ; mais qu'est-ce qu'un peintre de
genre ? qu'est-ce qu'un peintre d'histoire ? où
commence l'histoire ? où finit le genre ? La peinture de genre, si elle est vraie, si elle reproduit le
caractère, les passions, les meubles, les costumes,
ne nous retrace-t-elle pas l'histoire intime d'un
peuple ? Puis il y a dans la collection de Jean
Gigoux des peintres qui, comme Rubens, comme
le Poussin, comme Jordaens, ont peint avec un
égal bonheur, avec un égal génie l'histoire, le
portrait, le paysage, les animaux, les fruits et les
fleurs, les scènes majestueuses comme les scènes
modestes et même bouffonnes. Pourquoi diviser
les tableaux par catégorie ? Ne vous étonnez pas
si je vais où le hasard me conduit, me reposant
d'un grand tableau par un petit tableau, d'une
page sérieuse par une page qui sourit ?

Voici d'abord une vieille toile attribuée à un
peintre florentin, à Giorgione, qui fut l'élève de
Giotto. Le peintre d'histoire a peint une idylle,
un berger jouant de la musette ayant une jeune
fille à ses côtés ; il a en France peu de tableaux.
L'un d'eux, une pastorale, se vendit à la vente
Maillard en 1881, 6,000 francs ; sa peinture n'a
plus les incertitudes, les bégaiements de l'enfance :
comme Giotto, il sait donner du mouvement, de

l'expression à ses figures. Berger et bergère sont
groupés avec talent. Est-ce de Giorgione ? Personnages et paysages sont peints avec ce coloris qui
distinguait l'école florentine. D'autres tableaux
sont aussi à signaler : *Le Duc de Mantoue sur un
âne* et accompagné de plusieurs jeunes gens ; un
Cavalier sur un cheval blanc, deux hommes l'en-
tourent, grand paysage, rivière et montagnes ;
Noé et ses trois fils, par Jean Bellini, beau tableau
où le peintre se révèle puissant coloriste.

Lucas Cranack est représenté par trois tableaux
curieux et de haut prix.

On connait la manière du peintre flamand. Il
prend soin d'arrêter de trait tous ses contours,
avec une pureté de lignes une science du dessin
admirables, ce qui ne l'empêche pas d'être un brillant coloriste ; ses tableaux sont tellement finis et
poussés que s'ils étaient de petites dimensions on
les considèrerait comme des miniatures. L'un de
ceux que possédait Gigoux est une scène d'amour ;
une fille jeune et jolie, vêtue d'un superbe costume reçoit les hommages d'un vieil amoureux
qui lui presse tendrement la main ; nous ne serions
pas surpris que les deux figures fussent deux portraits. Le second tableau est plus important ; ce
sont deux figures nues de grandeur naturelle,

Adam et Eve, bien étudiées, bien peintes. Le tableau a son histoire : Le cardinal Granvelle possédait de Cranack dans sa riche collection à Besançon, un *Adam et Eve* qui selon toute probabilité sont les mêmes qui se retrouvent aujourd'hui chez son compatriote Gigoux. Enfin le dernier tableau représente une *Lucrèce*, figure nue demi nature : Elle va se tuer, ce qui est dommage, elle est vraiment belle, elle serait d'une beauté plus parfaite encore, si elle avait la tête un peu moins volumineuse. Le tableau se vendit il y a vingt ans 7,000 francs et fut racheté beaucoup moins cher par Gigoux.

Philippe de Champaigne figure sur le catalogue. Bien que flamand il appartient un peu à la France ; il travaille avec le Poussin à la décoration du Luxembourg et seul à l'embellissement des palais de Richelieu. Il avait une touche mœlleuse, un coloris plein et frais ; le tableau représente un *Enfant agonisant*, bon morceau de peinture. Est-ce bien du maître ? Nous nous permettrons de faire remarquer que les ouvrages de Ph. de Champaigne ne sont pas nombreux, pas faciles à découvrir. La Révolution en a détruit beaucoup.

Voici un tableau mythologique, *Galathée et le Géant*. Il serait d'A. Carrache ; est-ce d'Augustin,

d'Antoine ou d'Annibal. Tous trois étaient peintres d'histoire, de sujets religieux et de sujets
mythologiques. Ajoutons que parfois Augustin et
Annibal travaillaient ensemble, que tous deux ont
laissé des œuvres nombreuses. *Galathée et le
Géant* se rapprocherait des tableaux d'Annibal qui
sont au Louvre, mais si on le compare avec
l'*Hercule au berceau*, quelle distance les sépare !

Le tableau du Guide, l'élève d'Annibal vaut
mieux que la *Galathée*.

Le Guide était un artiste fécond qui remplit de
ses œuvres tous les musées d'Europe, qui en
inonda l'Italie ; il n'était pas sans défaut. Doué
d'une extrème facilité il en abusait souvent ; ses
compositions se ressentent de la rapidité de l'exécution ; il y a parfois des incorrections flagrantes.
C'est déjà un peintre de la décadence. Ce qui le
distingue, c'est son coloris argentin, quelquefois
un peu froid. Ses ombres sont souvent grisâtres,
ses draperies bien disposées.

Retrouvons nous ces qualités et ces imperfections dans l'*Enlèvement d'Europe* ? nous n'y retrouvons guère que ces imperfections ; ses femmes
rappellent un peu son tableau de la *Fortune* et
l'*Enlèvement de Déjanire* qui est au musée du
Louvre. Quant à affirmer, impossible ; on vend

dans les ventes publiques des tableaux du Guide
qui n'atteignent que des prix relativement minimes,
quatre ou cinq cents francs, parce que on doute
de leur authenticité. La signature ne saurait même
être invoquée. Aucun des vingt tableaux du Guide
qui sont au Louvre ne sont signés.

L'amour profane est une curieuse peinture.
C'est une copie du Titien, copie qui émane du
Guide.

Un tableau de Golztius, le *Jugement dernier*
montre que l'élève de Lambert Lombard était
meilleur graveur que peintre.

Une très bonne et très belle peinture, une
peinture de Scherel représentant une jeune femme
en buste, la main appuyée sur la poitrine et coiffée d'un bonnet, de couleur blanche.

Le Louvre estimait l'œuvre à un haut prix, et
aurait désiré qu'elle prit place dans ses musées.

Dans toute galerie se rencontrent un ou plusieurs Brauwer plus ou moins authentiques ; il
n'est pas de scènes populaires, pas d'intérieur de
cabaret que l'on n'attribue à l'élève de Frank
Hals. Gigoux possédait du maître un *Intérieur de
forge*, un forgeron travaillant éclairé par le feu de
la forge, et un autre tableau, trois buveurs attablés ;
l'un d'eux représenté de dos, fait un récit qui

excite l'hilarité de ses compagnons. Ces deux peintures font songer au coloris, à l'exécution facile, à la science du clair obscur qui distinguait Brauwer. A côté de ces toiles, un paysan flamand la main dans son pourpoint, et une nature morte qui ne sont pas sans valeur, puis une tabagie, deux hommes se battant, qui n'est évidemment pas de Brauwer ; nous n'oserions même pas affirmer qu'il est de Molenaer, un imitateur, un disciple de Brauwer et de Béga ; il peignait lui-même buveurs, tabagie, cabarets et kermesses.

Une des raretés de la collection est une esquisse attribuée à Paul Veronèse : *Judith et Holopherne*. Le tableau grandeur nature se voit au musée de Caen : on y trouve l'imagination féconde de l'artiste, la noblesse dans l'attitude des personnages, le coloris frais et éclatant du rival du Tintoret.

L'*Hercule luttant contre un lion* n'est qu'un petit tableau de Rubens, de 24 centimètres sur 23, mais il suffit pour donner une idée précise de la manière de ce grand peintre. Tout est plein de vie, de mouvement dans cette composition commencée et terminée en quelques heures : un autre tableau du même maître, deux figures allégoriques déroulant un rideau qui laisse voir la ville d'An-

vers et les bords de la Meuse, est empreint de ce
style que Rubens avait emprunté à l'école de
Venise, surtout à Paul Véronèse ; cette peinture
était très probablement destinée à être copiée en
tapisserie.

Mais la meilleure peinture de Rubens, peinture
superbe, est une tête de vieille femme. Elle donne
l'idée de son merveilleux talent.

Tous ces tableaux de chevalet, l'illustre artiste
les peignait en se jouant ; il avait le génie vaste,
la conception facile, grande et noble. Deux
années lui suffirent pour exécuter ce grand poème
de vingt-deux tableaux qui représentent la vie de
Marie de Médicis.

Le Poussin a plusieurs tableaux mythologiques,
Ajax se perçant de son épée, très belle peinture du
meilleur temps du maître, une *Famille de satyres*,
et les *Jardins d'Armide*. Nous ne mentionnons que
les tableaux qui nous paraissent le moins discu-
tables, car la *Bacchanale*, le *Géant Cacus* couron-
nant une montagne, le paysage avec nymphes et
enfants ne peuvent être du Poussin. Les *Jardins
d'Armide* nous paraissent l'œuvre du maître, nous
n'affirmons pas, car rien de plus difficile que de
reconnaître les vrais Poussins ; ce qu'il y a de
certain, c'est qu'il n'y en a qu'un petit nombre

entre les mains des amateurs. La signature ne peut être une preuve d'authenticité, aucun tableau du maître des Andelys ne porte sa signature, ou du moins il n'y en aurait qu'un seul le *Saint Erasme* qui se trouve au Vatican.

Quelle que soit son origine, le *Jardin d'Armide* a une valeur marchande considérable.

Avec Jordaens nous ferons encore une excursion dans la mythologie.

Vénus et Vulcain est une œuvre hardie qui révèle une grande puissance de pinceau. Le paysage est bien traité, mais le tableau est loin de valoir le portrait du peintre.

Liévens se rapprochait de Van Dick dans ses portraits ; fort jeune il peignait les portraits du roi, de la reine et des princes d'Angleterre. Gigoux possédait de lui un tableau de genre, les *Bulles de savon*, dont la gravure, la photographie ne peuvent faire apprécier le mérite, c'est à dire, la transparence du coloris, le fini des chairs, le charme de la couleur.

Le talent de Goya s'affirme plein de verve et d'originalité dans des œuvres qui ne sont que des esquisses, mais des esquisses traitées avec une couleur vigoureuse, et des effets piquants et inattendus. Les sujets choisis par le peintre donnent

de la valeur à ses œuvres. L'un de ses tableaux
représente la *Mort de l'Archevêque de Québec et
de son grand vicaire*; un autre nous montre des
sauvages se préparant à dévorer les corps de leurs
victimes.

Les tableaux d'Hogarth doivent être considérés
comme des plus précieux. Le créateur de la cari-
cature morale qui a laissé une œuvre pleine de
verve, de vérité et d'esprit, qui a su exprimer les
passions et les scènes populaires en les caricatu-
rant un peu, ne compte dans le musée Gigoux
que des peintures sérieuses. La plus importante
est un *Intérieur d'une boutique d'horloger*. Le tableau
a malheureusement poussé au noir ; trois personnages indiens s'entretiennent avec l'horloger et sa
femme, au second plan un gentilhomme, à gauche
des ouvriers au travail. L'air circule dans cette
grande toile de deux mètres de long. Les personnages vivent, et tout atteste le vrai talent.

Le tableau d'Hogarth valut à Gigoux de fré-
quentes visites d'anglais, qui, pour obtenir l'œuvre
de leur compatriote, offrirent les plus hauts prix.
Comme valeur marchande, c'est un des plus précieux avec les *Constables*.

Hogarth commençait par couvrir toute sa toile

d'un ton rouge ; c'est le système qu'il a employé
dans cette peinture.

Inyders a peint deux phoques sur une plage.
impossible de mieux reproduire ces deux animaux.
c'est superbe de facture. ce n'est pas séduisant à
contempler.

Avec Géricault nous revenons à l'école moderne.

Une tête d'homme attire l'attention : elle exprime
avec une vérité admirable la souffrance, la faim.
l'angoisse, la terreur ; c'est évidemment un portrait, le portrait d'un *Naufragé de la Méduse* qui
a échappé à la mort.

Un artilleur de la garde chargeant au galop avec
sa batterie, a la fougue et l'élan du grand artiste.

Voici un tableau dont on ne contestera pas
l'authenticité : *Soldats italiens à la recherche de
brigands*, par Léopold Robert, ce n'est qu'une
esquisse. mais une esquisse curieuse, rare, plus
amusante que ses tableaux. Nous émettrons une
appréciation moins élogieuse pour une autre
œuvre du peintre : *Tête de jeune fille.*

Alfred Johannot a représenté un naufragé *Don
Juan de Lord Byron*. Ce n'est qu'une esquisse qui
ne peut être que de Johannot.

Decamps ne connaissait que les tons chauds.
la lumière splendide avec des reliefs et des

vigueurs. La marine, *Entrée d'un port*, un phare sur la jetée, n'a cependant pas un merveilleux éclat : mais c'est solidement peint, très vrai d'aspect, pris sur nature, et le tableau charme et séduit les yeux.

Les tableaux de fruits, de fleurs, de nature morte sont nombreux ; il en est de toutes les écoles ; les tableaux de Cerquozzi, bien qu'habituellement peu estimés, ne sont pas sans mérite, les fleurs et fruits, les raisins de Van Bayeren sont éclairés d'une lumière large et chaude : les raisins sont d'une transparence admirable. Van Heda a peint aussi avec un précieux bien flamand et un excellent coloris, des vidrecomes, jambons, pâtés et fruits que l'on contemple avec plaisir. Voilà un homme qui a dû se clouer sur son ouvrage pour arriver à une pareille délicatesse, à un pareil fini. Cela ne vaut pas Van Huysum ou Daniel Seghers, mais n'en est pas moins très remarquable.

LES PAYSAGES

Les paysagistes pourraient se diviser en deux catégories très simples et cependant séparées par un abîme, ceux qui obéissent au caprice et ceux qui copient la nature, ceux qui revêtent la réalité d'un voile de grâce et d'harmonie, et ceux qui essaient de la reproduire avec ses côtés plus ou moins abrupts, ne se préoccupant que de la vérité.

Pendant de longues années le paysage ne fut en France qu'un accessoire, qu'un cadre plus ou moins lumineux, plus ou moins fini; on profana la nature bien plus qu'on ne la copia. Sous ce rapport l'influence du grand Poussin et de Claude Lorrain lui-même a été plus pernicieuse qu'on ne se l'imagine ; ils comprenaient et ils rendaient la nature, la nature vraie, forte, la nature des poètes, la nature de Dieu : ils possédaient les secrets merveilleux de la lumière, ils en connaissaient tous les jeux, toutes les combinaisons, toutes les ressources, mais ils furent suivis par plusieurs générations d'artistes qui les prirent pour modèles sans vouloir se rendre compte qu'il fallait avant tout copier, reproduire la nature au lieu de composer le paysage historique, paysage de convention qui ne ressemble en rien à la vérité.

Au XVIIIᵉ siècle, il n'y eut guère que Watteau qui eut le sentiment du paysage ; les bosquets ne se rencontrèrent sur la toile que pour céler d'ardentes galanteries ; c'était le plus souvent des bosquets d'opéras comiques. Le vrai paysage date de notre temps, des tentatives, des luttes littéraires de la monarchie de Juillet ; c'est alors que l'on se rendit compte que la main de Dieu vaut mieux que celle des hommes, et qu'en transportant sur sa toile le paysage tel qu'on l'a sous les yeux on risquait tout bonnement de faire un chef-d'œuvre ; c'est alors que l'on vit éclore toute une pléiade d'hommes de vrai talent, composée de Jules Dupré, Rousseau, Cabat, Aligny, Decamps, Diaz, Corot, Marilhat, pléiade qui devait être suivie de toute une génération pleine de foi dans la sainte puissance du travail et de la persévérance.

A tout seigneur tout honneur ; commençons par Claude Lorrain, le grand paysiste, qui avec son âme douce et sereine, peignait la nature splendide, noble et remplie de lumière et qui faisait passer dans ses œuvres le souffle de l'idéal. Ses tableaux sont devenus fort rares ; ils sont répartis partout, surtout au Louvre qui en contient seize, dans les collections seigneuriales d'Angleterre qui eut toujours pour les peintures de Claude Lorrain un goût passionné, à Saint-Pétersbourg, à Madrid, à Berlin, en Italie. Gigoux a-t-il réussi à mettre la main sur de vrais Claude Lorrain. Il en est un qui représente un coucher de soleil qui est remarquable, qui est de la belle manière du peintre. Rien de plus lumineux que cette atmosphère ensoleillée. Le paysage est aussi parfaitement traité. On s'oublie si bien à considérer l'ensemble que l'on ne donne qu'une attention distraite à Persée et à Andromède qui se trouvent dans l'ombre sur le premier plan.

Un autre tableau nous montre la nature endormie, le soleil couché.

Inutile de dire que l'on chercherait vainement ces tableaux dans le *Livre de Vérité*, ce cahier précieux ou Claude Lorrain conservait une esquisse de tous les tableaux qui sortaient de son atelier, ainsi que le nom du destinataire, la date et parfois le prix de la peinture.

Les doutes que nous émettons, nous les éprouvons en face d'une autre toile, grand paysage en hauteur, grand arbre à droite, maisons dans des groupes d'arbres, paysage du Poussin.

Nous les éprouvons en face des œuvres de Teniers père, en face des deux Albert Cuyp, dont les plus petits tableaux se vendent aujourd'hui à des prix fort élevés : *L'Artiste dessinant d'après nature* a atteint en 1881 le chiffre de 75,000 francs. Dans tout tableau du peintre de Dordrecht, se dessine un cheval blanc. Ici cavalier, cheval blanc et grand arbre se détachent en foncé sur un ciel clair, c'est d'un heureux effet. Le second tableau a aussi son cheval blanc, une chaumière au milieu d'un groupe d'arbres. Tout est harmonieux, mais est-ce bien l'œuvre de Cuyp, l'un des plus séduisants de l'école hollandaise.

Guardi a peint en maître l'intérieur d'une rue et une vue de Venise. Chardin a copié avec talent un portrait de femme d'après Rembrandt, joli pastel.

Le groupe d'arbres, avec cascade est-il de Lantara, l'artiste philosophe qui n'eut jamais souci ni de la gloire, ni de la fortune, ni des

honneurs, mais qui avait l'inaltérable amour de la
nature et le sentiment de l'art ? Le paysage avec
montagnes bleues n'est qu'une imitation du maître.

En 1765 florissait dans le beau monde le peintre
Fragonard, c'était un homme de beaucoup
d'esprit, de frivolité et de grâce, qui était de
l'Académie et qui connaissait tous les écrivains,
tous les hommes de talent de son siècle ; il était
à la mode autant que Boucher déjà vieux ; il déco-
rait pour Mme Dubarry de la manière la plus
galante le pavillon de Luciennes, il était choyé
par les grands seigneurs, par les femmes à la
mode, par les spéculateurs étrangers qui se dis-
putaient sa peinture ce qui ne l'empêcha pas de
mourir relativement abandonné, avec toute la
pléiade de Louis XV, détrôné par les grandes
machines de David et de l'école impériale qui ne
voulaient plus que des héros grecs ou romains.
La collection Gigoux ne possède qu'un Fragonard, un paysage avec personnages. Les figures,
les têtes, les mains, sont bien dessinées ; une élégance délicate règne dans toute la composition.

Admirons une magnifique toile de Constable,
une des merveilles de la collection. L'ensemble
paraît tout d'abord un peu confus, il y a beaucoup
de détails, un moulin à droite, à gauche de grands

arbres, pont sur pilotis, deux figures et un chien,
mare et plantes aquatiques ; mais tout se dégage
bientôt avec précision et netteté, avec des accents
un peu nature, avec des rugosités un peu voulues,
des reliefs, des empâtements qui donnent une
étrange vigueur au tableau ; c'est le réalisme qui
se fait jour et commence avec le peintre anglais.
L'œuvre est d'un haut prix, d'autant plus précieux
que les tableaux de Constable sont fort rares.
L'un d'eux, *La Tamise*, s'est vendu en 1874
27.000 francs ; en 1881, à la vente Wilson, *The
gleb Farm* a atteint aussi un chiffre élevé.

N'oublions pas un autre paysage, de petite
dimension où le peintre a brossé avec la fougue
et le talent d'un grand maître un ciel nuageux
admirable, avec un terrain accidenté et des arbres
qui ne sont pas moins merveilleux.

Voici encore un peintre de l'école anglaise,
peintre d'un vrai talent, car il réunit trois des
meilleures qualités qui font les grands artistes, la
science de la composition, la mise en scène, le
dessin et le coloris. Bonnington était fort apprécié
de Gigoux qui a écrit ces lignes : « Bonnington
est l'homme de France et d'Angleterre qui a le
mieux compris l'art de la lumière et de la couleur. Il est mort à vingt-six ans ! Quels chefs-

d'œuvre n'eut-il pas laissés en vivant un peu plus, doué aussi incomparablement qu'il l'était par la nature. » L'appréciation était exacte, et cependant Bonnington ne vendait ses meilleures aquarelles ou ses plus beaux tableaux que 100 à 150 francs. C'est à peine si deux ou trois de ses toiles ont atteint 300 francs. Les deux marines que possédait Gigoux sont largement peintes. Le coloris un peu blond à la façon de Canaletti ; dans l'une, voiles et embarcations se détachent en foncé sur un ciel clair ; dans l'autre, le ciel est superbe, la mer est splendide ; la maison se perd harmonieusement dans le lointain sous la lumière, le vaisseau apparaît sombre sur la ligne d'horizon : c'est un des jolis tableaux de l'élève de Gros.

Mentionnons encore un bon paysage de la Berge, la mer dans le lointain, une longue chaussée sur le premier plan, s'enlevant en foncé sur le fond ; un petit tableau, *La Vague et le Ciel*, de Géricault, ce n'est qu'une étude, une première pensée de la Méduse, un débris de navire sur une vague immense sans autre horizon que la mer et un ciel sombre.

Parmi les contemporains de Gigoux dont les œuvres enrichissent sa collection, nous devons citer Decamps, Français, Troyon, Courbet,

Baron. Decamps était un artiste merveilleusement
doué, inépuisable dans sa force, toujours jeune et
toujours nouveau. Rien de plus varié que ces
tableaux. Un jour il peint modestement des animaux, des chiens et des singes, des mulets et des
ânes ; le lendemain vous faites avec lui un radieux
voyage en Orient, il vous raconte un poème dans
le beau style de la Bible. *L'Entrée d'un port* ne
donne qu'une faible idée du talent du peintre..

Français restera comme un des premiers paysagistes de notre temps. La nature, il la peint sou-
riante et belle, répandant le baume de ses fleurs,
la fraîcheur de ses forêts ; on voit qu'il l'aime,
qu'il entend dans le silence des bois le langage
mystérieux de sa grande âme ; son étude de
rochers est assurément un bon tableau, mais
combien il en est de meilleurs.

Gigoux avait de Courbet une vue prise dans les
vallons d'Ornans ; sur le dos de la toile Courbet
avait écrit de sa main : « Je déclare que j'ai fait
ce paysage en septembre 1874 » ; c'était le temps
où l'on imitait sa peinture, où l'on inondait Paris et
la province de faux Courbets.

Deux paysages de Baron, paysages pleins de
vie, de charme et d'esprit, pas de personnages.

Troyon qui était aussi un ami, avait dans la

collection trois paysages contestables ; l'un d'eux est d'un coloris vrai, d'une composition pleine de réalité. On connait le prix des œuvres de ce peintre que l'on a surnommé le La Fontaine de la peinture. En 1880 à la vente du Baron Beurnouville. le *Retour à la Ferme* se vendait 29.100 francs, et en 1881, à la vente John Wilson *La Mare* atteignait le prix de 31.500. Troyon aimait et comprenait les forêts et les bois, les prés et les champs : il savait répandre avec vérité et harmonie la lumière sous ses arbres.

Un coucher de soleil de Théodore Rousseau. L'œuvre est d'un grand aspect ; c'est la vérité largement prise, c'est plein de séduction et d'attrait.

Rapin a deux tableaux, un effet de neige et un paysage, bord de rivière. L'élève de Jérôme et de Français excelle à fixer sur la toile son impression personnelle ; ce sont des études qui ne sont pas sans mérite.

Un autre paysage de notre compatriote Pointelin est plein de sentiment et attire aussi l'attention.

Nous avons vainement cherché des tableaux de Marilhat. En 1883, Gigoux écrivait : « Je possède de Marilhat trois beaux tableaux et des dessins qui font ma joie. » Nous n'avons vu que deux peintures, une marine et un paysage d'Orient qui ne rappellent que de loin les tons harmonieux et ensoleillés de l'éminent artiste.

En somme la galerie de Jean Gigoux était riche en peintures anciennes, elle contient aussi des œuvres modernes précieuses. On n'y rencontre ni Eugène Delacroix, ni Ary Scheffer, ni Charlet, ni Gleyre, ni Roqueplan, ni Paul Delaroche, ni Cabat, ni Dupré, ni Paul Huet, ni Meissonnier, ce flamand d'un autre siècle qui a émerveillé ses contemporains par ses petits chefs-d'œuvre, ni Vernet, mais il y a beaucoup de noms connus, beaucoup d'œuvres de prix. L'ensemble atteste le goût, les rares aptitudes de l'habile et érudit collectionneur.

DESSINS, AQUARELLES, LITHOGRAPHIES

GRAVURES

Jean Gigoux collectionna les dessins autant que les tableaux, par amour de la collection, puis pour trouver des documents destinés à faciliter ses travaux : dès son arrivée à Paris il rechercha les dessins de maîtres, et il eut raison. Les esquisses, les dessins de maîtres sont les manuscrits de la peinture ; ils permettent de suivre l'idée mère du peintre, les transformations de la composition : ils sont la première pensée de l'artiste, laissant courir sa plume ou son crayon au vent de l'inspiration. Diderot, qui comprenait l'importance des esquisses, a écrit ces lignes : « Les esquisses ont communément un feu que le tableau n'a pas. C'est

le moment de chaleur de l'artiste, la verve pure,
sans aucun mélange de l'apprêt que la réflexion
met à tout ; c'est l'âme du peintre qui se répand
librement sur la toile. La plume du poète, le
crayon du dessinateur habile ont l'air de courir et
de se jouer. La pensée rapide caractérise d'un
trait. Or plus l'expression des arts est vague, plus
l'imagination est à l'aise. »

La collection que de son vivant Jean Gigoux
donna à sa ville natale avait déjà une importance ;
celle qu'il lui a léguée a une bien autre valeur :
elle se compose de plus de deux milles dessins
renfermés dans quatre-vingt-dix-neuf portefeuilles.
Toutes les époques y figurent : il y a des œuvres
de tous les grands artistes, deux portefeuilles de
Rembrandt, vingt-un dessins de Van Ostade ;
des dessins de Van Dyck, d'Albert Durer, du
Corrège, de Lesueur, de Terburg, de Greuze, de
Bouchardon, de Saint-Aubin, Fragonard, Vattier,
David, Granet, Delacroix ; nous ne pouvons songer à les décrire, nous n'en mentionnons qu'un
petit nombre sans suivre d'ordre ni de date.

Parmi les plus précieux nous n'hésitons pas à
placer un dessin et une gouache d'Albert Durer.

Le restaurateur de la peinture en Allemagne
dessinait habituellement à la plume, d'une manière

un peu dure, un peu sèche, qui était produite par l'exubérance des qualités : il ne sacrifiait pas au beau ; il tenait à faire ses contours d'une façon solide qui plaisait plus aux artistes qu'un contour trop vague. C'était le système d'Holbein. Les dessins du maître allemand sont relevés par des hachures.

Le *Saint Christophe* est évidemment de sa main. Le dessin à la gouache, la *Chauve Souris*, supérieure comme facture, n'est pas non plus contestable.

Quelques dessins de Raphaël sont précieux. Le temps a malheureusement fait son œuvre et détérioré plusieurs d'entre eux.

Les Michel Ange sont en petit nombre.

Michel Ange a laissé beaucoup de dessins. Le Louvre en possède trente-trois authentiques et douze qui sont attribués au grand artiste : à Vienne il y en a vingt environ reproduits par Adolphe Braun. La reine d'Angleterre dans son palais de Windsor en a aussi quelques-uns. En Italie, Florence est riche en dessins, en croquis du maître. La plupart sont à la plume avec hachures comme pour la gravure ; c'est la manière de dessiner la plus expressive, mais la plus difficile parce qu'on ne peut ni effacer, ni corriger.

Certains des dessins que possédait Gigoux sont très finis, très soignés, ils sont au crayon. Il en est qui ont le caractère de force, de fierté, de grandeur, qui distingue les originaux. Michel Ange a dit le dernier mot du dessin, il a été de plus un coloriste harmonieux, qui a su revêtir ses tableaux tantôt d'une couleur austère, comme le tableau du *Déluge*, tantôt d'un coloris aimable et séduisant comme son tableau d'*Adam et Eve*.

Signalons des dessins de Jules Romain, du Corrège, de Paul Véronèse, de Daniel de Volterre ; ces derniers sont bien étudiés, dignes en tous points d'un artiste qui professait un véritable culte pour Michel Ange et que Michel Ange estimait. Daniel de Volterre dessinait souvent à la plume et à la sanguine.

Les dessins de Louis et d'Annibal Carrache sont une des curiosités de ce musée ; ils donnent bien l'idée de leurs incessantes investigations, de leurs travaux, ils suffisent pour montrer la supériorité d'Annibal sur son maître Louis et sur son frère Augustin. Louis Carrache qui avait passé plusieurs années à admirer et à copier Raphaël, Léonard, André del Sarle, ces incomparables modèles de précison et de finesse, a maintes fois modifié sa manière ; un jour il emprunte

aux dessinateurs énergiques comme Jules Romain,
un autre jour aux coloristes suaves, comme le
Corrège, une autre fois aux peintres vigoureux comme Titien. Ce que nous disons de
Louis, nous le dirons d'Annibal. Il y aussi dans
ses tableaux bien des emprunts, bien des témoi-
gnages d'excessive déférence pour les maîtres,
surtout pour le Corrège et Raphaël.

Ses dessins n'en sont pas moins de valeur.

Quelques dessins sont de Tiépolo. Il en est qui
nous paraissent d'une origine douteuse. L'esquisse
représentant l'*Enlèvement des Sabines*, une femme
emportée par des soldats, pourrait être du maître
vénitien ; mais le *Christ chargé de sa croix*, et une
Sainte famille sont contestables. Le brillant coloriste éclairait autrement ses personnages, ses
compositions se distinguaient par plus de fougue,
de verve, de brio, d'originalité.

Mentionnons encore un beau dessin de Rubens
représentant un homme sonnant de la trompe, une
tête de femme, œuvre du Titien.

Dans l'école française nous aurions à étudier
bien des œuvres remarquables ; ce qu'il a fallu de
temps, de recherches, d'investigations patientes,
d'érudition pour amasser tant de trésors est vraiment prodigieux, de la part d'un homme qui

consacrait sa vie à un travail obstiné, qui se
reprochait le temps qu'il donnait à sa collection.
Il n'est guère de peintre en renom dont il n'ait
recueilli un souvenir. Lesueur, Poussin, Largillière, Boucher, Watteau, Fragonard, ont pris
place dans son musée.

Du Poussin nous citerons *Samson et Dalila*,
esquisse vivante, pleine de mouvement.

De Largillière des portraits à la sanguine, d'une
rare élégance d'attitude.

De Boucher des études de femmes. Les dessins de Boucher ne sont pas rares, il en a laissé
plus de dix mille, qui attestent son incroyable
facilité.

De Watteau des sanguines, de jolies têtes de
jeunes filles : ce sont des dessins de Watteau,
rien à dire de plus. On sait qu'ils sont fort estimés, fort recherchés des amateurs. Le plus souvent ils sont au crayon rouge, quelquefois aux
deux crayons noir et sanguine. Parfois il se servait
de gouache et de pastel.

Voici un dessin de Greuze, une grande composition qui rappelle la malédiction paternelle ; on
retrouve le maître, la légèreté de sa touche, mais
cette scène représentant un vieillard mordu par
un loup, accueillant avec reconnaissance le jeune

homme qui vient de tuer la bête sauvage et la
dépose aux pieds du blessé, est-il bien de la main
de Greuze ? c'est fort douteux. Ce dessin apo-
cryphe a des frères. Qui pourrait dire hardiment,
à l'exception de quelques œuvres saillantes : Ceci
est un dessin de tel ou tel maître. Les tableaux
eux-mêmes sont contestés, à plus forte raison en
doit-il être de même d'un dessin ; les grands
maîtres ont eu tellement d'imitateurs, de copistes,
de pasticheurs.

Greuze est facile à reconnaître ; il donne à ses
têtes de femmes un air de famille ; on distingue
ses personnages à leurs vêtements, à l'ampleur de
leur costume ; ce n'est pas la tenue correcte des
personnages de Rigaud : il en est de même de
Fragonard, le peintre à la touche rapide et spirituelle, à la couleur de feu. Gigoux possédait de
lui un beau pastel, un portrait de femme. Le
modèle n'est plus jeune, la figure est ridée, fanée,
vieillie ; mais le peintre a su donner à son œuvre
la pureté, la correction du dessin, l'éclat, l'harmonie du coloris. On sait qu'il peignait non
seulement des tableaux dédiés à l'amour, des
paysages dans le goût de Ruysdael, de Watteau
et de Boucher, mais des portraits de grandeur
nature.

Donnons aussi un souvenir à Géricault, à Carle Vernet qui ne fut peut-être pas un grand peintre, mais qui fut un peintre original, spirituel, admirable, par la fécondité de son intelligence, par le mouvement et la pantomime de ses figures, et qui a merveilleusement reflété le monde au milieu duquel il a vécu. Ses chevaux dans les esquisses que possédait Gigoux sont trop maigres et rappellent le mot du baron Gros qui disait : « Mes chevaux en mangeraient dix des siens. » Ce qui leur manque, c'est la force et la vigueur, c'est dessiné avec une sécheresse qui serait un mérite dans un écorché ou un squelette, mais muscles, tendons, veines sont étudiés avec une remarquable précision.

Dans l'école moderne, nous retrouvons des noms connus, des noms célèbres, Troyon, Marilhat, Delacroix, Théodore Rousseau, Decamps, Meissonnier, David d'Angers, Couder, les Johannot et les Deveria.

Nous associons ces deux noms parce que dès leur jeunesse, Alfred et Tony Johannot et les deux Deveria avaient conquis une haute réputation. Mais autant les deux Johannot fuyaient le tapage et la réclame, autant les Deveria, Eugène et Achille étaient désireux de renommée. A vingt ans Eugène était célèbre et marchait dans la gloire, il venait de peindre la naissance d'Henri IV, qui est au Louvre, puis les commandes diminuèrent, le talent faiblit, et les deux frères furent vite oubliés pour avoir voulu abuser du succès.

Gigoux avait d'Alfred Johannot une très belle aquarelle : *Claude de Lorraine duc de Guise*, entouré de sa famille. La duchesse Antoinette de Bourbon a dans son attitude la grâce facile d'une grande dame ; elle est assise entourée de ses enfants admirablement groupés. L'artiste a su peindre personnages et costumes d'un pinceau délicat avec les plus riches couleurs, avec un sentiment très pittoresque de la vérité. L'ensemble rappelle un tableau de Bonington. *François I*, *Charles-Quint et la duchesse d'Etampes.*

Un des trésors de cette collection est une aquarelle d'Henri Baron, il en est qui savent peindre avec plus de talent, il en est peu qui peignent d'une aussi séduisante manière, avec plus de délicatesse, plus de fini, plus d'éclat : ses aquarelles valent des tableaux.

Cinq ou six personnages sont attablés sous un élégant portique, au milieu d'arbres ensoleillés, et écoutent une jeune femme au costume éclatant. L'artiste dans tout l'éclat vivant de la belle jeu-

nesse, tenant un violon est fièrement campée. Elle
séduit et charme ses auditeurs qui lèvent leurs
verres et applaudissent de la main avec ardeur.
Tout cela vit, respire et s'agite. Le ciel sourit à
travers les arbres, et une belle et chaude lumière
passe sur paysage et personnages avec un grand
accent de vérité ; Baron, qui possédait une palette
des plus riches et qui arrivait sans effort à la
vigueur, sans emphase au coloris, a mis dans
cette composition élégante toute la fleur de son
talent ; on y reconnaît tous les trésors de sa
couleur, toutes les vives qualités de ce pinceau
habile qui arrive à produire des merveilles de ton
et d'expression ; ajoutons que dans ses compositions tout respire la distinction ; rien de banal :
tout est de style ; or le style, c'est tout le blason
de l'artiste.

Une aquarelle de Français serait digne de
prendre place à côté de l'œuvre de Baron. Un
soleil couchant éclaire de ses rayons d'or une
clairière entourée de grands arbres ; sur le premier
plan une nymphée. Trois jeunes filles graciles,
rêvées, légèrement vêtues du costume antique,
offrent des fleurs à Cérès. Dans le lointain un
temple aux colonnes élégantes se dessine en couleur foncée dans le verdoyant feuillage. M. Français

voit et comprend la nature en poète, c'est-à-dire
qu'il ne la regarde qu'à ses beaux jours par le
prisme de la poésie, ses peintures saisissent l'âme
et l'élèvent tout en la disposant à la rêverie.

Mentionnons encore un joli dessin de Léopold
Robert, un italien qui est évidemment dessiné sur
nature, et un dessin de Couder.

Les lithographies méritent d'attirer l'attention.
La lithographie était un art difficile, fort en hon—
neur il y a quarante ans, abandonné aujourd'hui.
La photographie, la phototypie l'ont tuée. Un des
plus habiles artistes était un vieil ami de Gigoux
qui a reproduit beaucoup de ses œuvres, Mouilleron. Gigoux appréciait tout son mérite : il
a écrit ces lignes : « Mouilleron apparut au déclin
de la lithographie, mais il l'a pour ainsi dire réin-
ventée, en la faisant participer à la fois de la
peinture à l'huile et du pastel. Grâce à lui les
peintres se trouvent admirablement traduits avec
tout ce qu'ils ont dans le cœur. » Nanteuil, Raffet
et Français étaient non moins habiles que Mouilleron, et certaines de leurs lithographies valent des
eaux fortes.

Ce dernier mot nous rappelle que nous n'avons
rien dit encore des eaux fortes : elles occupaient
une grande place ; beaucoup d'entre elles sont

d'une grande valeur. Parmi les meilleures, nous n'hésitons pas à placer les eaux fortes de Ribera, il y en a peu, sept ou huit, mais ce sont des merveilles. Gigoux était un amateur aussi passionné qu'éclairé, capable de composer une collection de premier ordre. Dans sa jeunesse, comme sa bourse était mince, il y consacra peu d'argent : plus tard il n'hésita pas à acheter à des prix élevés, c'est ainsi qu'il acquit à l'hôtel des ventes le *Campo Vaccino*, l'eau forte de Claude Lorrain au second état pour 400 francs. C'est de tous côtés qu'il récoltait, chez Guichardot, le plus grand marchand de l'époque, comme chez les simples particuliers, comme à l'hôtel Drouot ou il eut souvent pour concurrent M. Thiers.

On le voit, tout a une importance dans ce musée précieux, les gravures comme les dessins, les aquarelles comme les tableaux ; Gigoux avait su réunir la quantité à la qualité ; il y a là une mine féconde à consulter, il y a là des études aussi variées qu'étendues pour la jeunesse studieuse, et on ne saurait avoir trop de reconnaissance pour le généreux donateur.

CATALOGUE DES TABLEAUX

DE LA

COLLECTION JEAN GIGOUX

Abdegraver. — Portrait d'un évêque.

Ecole allemande. — Un chevalier et sa femme.

Ecole hollandaise, attribué à Van Asch. — Paysage.

Henri Baron. — Etude de paysage.

Henri Baron. — Etude de paysage.

Baroccio. — Pastel, tête d'enfant.

Baroccio. — Trois jeunes filles, pastel.

Jean Bellini. — *Ecce Homo.*

Jean Bellini. — Noé et ses trois fils.

De la Berge. — Paysage.

Genre de Berghem. — Paysage et animaux.

Boilly. — Tête de jeune garçon.

Genre de Ferdinand Bol. — Tête d'homme.

Genre de Bonfazio. — La Vierge et l'Enfant Jésus.

Ecole moderne. — Jeune femme orientale.

Ecole anglaise. — Paysage en Italie.

Bonington. — Marine, montagnes à gauche.

Bonington. — Marine, vaisseau.

Borgognone. — Saint Jean-Baptiste.

Genre de Boucher. — Deux Amours.

Sébastien Bourdon. — Sainte famille.

Attribuée à Cuyp. — Nature morte, poissons.
Brauwer. — Paysan, tête d'homme.
Brauwer. — Tête d'homme.
Attribué à Brauwer. — Intérieur de Forge.
Molenaer. — Buveurs.
D'après Brauwer. — Une tabagie.
Genre de C. Bega — Scène de cabaret.
Bonnat. — Portrait de Jean Gigoux.
Breckebcamp. — Intérieur de cuisine.
Bruandet. — Intérieur de forêt.
Genre de Cabat. — Paysage.
Attribué à Cabat. — Bord de rivière.
Philippe de Champagne. — Un enfant couché.
D'après Chardin. — Nature morte, lièvre.
Genre de Canaletti. — Paysage à Venise.
Benedetto de Castiglione. — Berger et troupeau.
Genre de Chardin. — Lièvre suspendu.
Chardin. — Copie d'après Rembrandt, pastel.
Genre de Chardin. - Nature morte, pêches.
Genre de Chardin. — Nature morte, pots, assiettes, etc.
A. Carrache. — Copie d'après le Corrège.
A. Carrache. — Galathée et le géant.
Moro. — Portrait d'une princesse de Lorraine.
Clouet. — Dessin, tête d'homme.
Constable. — Paysage, terrain accidenté.
Constable. - - Grand paysage, mare, pont.
Attribué à Corot. — Paysage.
École moderne. — Paysage, bord de rivière.
Attribué au Corrège. — Saint Jean-Baptiste.
Copie d'après le Corrège tirée de l'Adoration des bergers.
Courbet. — Paysage, le Puits noir.
Genre de Cuyp. — Un cavalier sur un cheval blanc.
Genre de Cuyp. — Paysage, chaumière.
Lucas Cranach. — Jeune fille et vieillard.
Lucas Cranach. — Adam et Eve.
Cranach. — Lucrèce, belle figure.
Cranach. — Nymphe couchée.
Lorenzo Credi. — Sainte famille.
Crespi. — Tête de vieille femme.
Genre de Crivelli. — La Vierge et l'Enfant Jésus.
Louis David. — Portrait de l'abbé Grégoire.
Louis David. — Portrait, le père Gérard.
Louis David. — Portrait, Prieur de la Marne.

Genre de Decamp. — Intérieur de village.

Decamp. — Entrée d'un port.

Delapierre. — Portrait de femme.

Attribué à Paul Delaroche. — Sapho.

Attribué à Denner. — Portrait de vieille femme.

Dominiquin. — Saint Sébastien.

Dubuffe. — **Jeune fille à sa toilette.**

Genre de Diaz. — Intérieur de forêt.

Van Dyck. — Belle tête d'homme, barbe grise.

D'après Van Dyck. — La Vierge et l'enfant.

Attribué à Van Dyck. — La Vierge au roseau.

Attribué à Van Dyck. — Tête de vieille femme.

Van Quelen. — Tête de jeune garçon.

Enfantin. — Paysage, intérieur de forêt.

Enfantin. — Paysage, ruines.

Enfantin. — Paysage, vallée, masse d'arbres.

Van Es. — Nature morte, fruits, oiseaux.

Hubert Van Eyck. — Portrait d'un duc de Bourgogne.

Ecole espagnole. — Tête d'homme.

Ecole espagnole. — Religieux tenant une tête de mort.

Ecole espagnole. — Nature morte, cardon.

Ecole espagnole. — Jeune garçon, tenant un gâteau.

Genre de Everdingen. — Chûte d'eau.

Everdingen. — Dessin, aquarelle, paysage.

Everdingen. — Paysage, aquarelle.

Ferdinand. — Portrait d'homme.

Fielding. — Aquarelle, oiseaux.

Genre de Flinck. — Portrait d'homme avec une toque.

Flinck. — Tête de petite fille, cheveux blonds.

Genre de Fra Angelico da Fiesole. — La Vierge et l'enfant.

H. Flandrin. — Une sainte vêtue de blanc.

H. Fragonard. — Paysage avec des figures au milieu.

Genre de Fragonard. — Paysage.

Th. Fragonard. — Deux têtes d'homme.

L. Français. — **Aquarelle vue prise à Clisson.**

L. Français. — Etude de rochers à Fontainebleau.

D'après Francia. — Portrait de jeune homme.

Genre de Fyt. — Nature morte, perdrix.

Gavarni. — Etude d'un tableau fait en grisaille.

Baron Gérard. — Portrait de Ducis.

D'après Géricault. — Ecurie, cinq croupes de chevaux.

Géricault. — Première pensée de la Méduse, la vague et le ciel.

Géricault. — **Artilleur de la garde chargeant au galop.**

Géricault. — Tête d'homme, étude pour le tableau de la Méduse.
Attribué à Géricault. — Aquarelle, paysage.
Ecole de Ghirlandago. — Un Saint Evêque.
Attribué à Giorgio. — Un cavalier sur un cheval blanc.
Giorgio. — Un lansquenet.
Attribué à Giorgio. — Le duc de Mantoue.
Genre de Giorgio. — Portrait d'une dame vénitienne.
Genre de Giorgio. — Idylle, un berger, etc.
Genre de Giotto. — Saint Pierre et Saint Paul.
Goltzius. — Le Jugement dernier.
Goya. — Quatre esquisses.
Goya. — Sauvages dévorant l'archevêque de Québec, deux esquisses très faites.
Genre de Van Goyen. — Paysages, chaumières.
D'après Van Goyen. — Marine
Granet. — Cour de Monastère.
Attribué à Granet. — Intérieur de cloitre.
Granet. — La fête de l'abbesse.
Granet. — Moine peignant vu de dos.
Granet. — Intérieur, un Capucin en prière.
Granet. — Cour d'un cloitre.
Granet. — Intérieur, cuisine d'un cloitre.
Attribué à Greuze. — Tête de jeune fille (ovale).
Baron Gros. — Portrait de Napoléon Ier.
Guardi. — Intérieur d'une rue.
Genre de Guardi. — Vue de Venise.
Genre du Guide.
Guide. — L'amour profane, d'après le Titien.
Guide. — L'enlèvement d'Europe.
Attribué à Dirck Hals. — Jeune femme et son enfant.
D'après Hals. — Le buveur.
Attribué à Hals. — Portrait de Salomon Consaert.
Hamiltou. — Papillons, lézards, chardons.
Van Héda. — Nature morte vidrecome.
Attribué à Van Héda. — Nature morte, nappe blanche.
Van Héda. — Nature morte, jambon, etc.
Van Héda. — Nature morte, pâté aux fruits.
Van Héda. — Nature morte, vidrecome, etc.
Genre de Vander Heiden. — Paysage grands arbres.
Henner. — Tête de jeune fille.
Herrera. — Portrait d'un seigneur, il tient un livre.
D'après Hobbema. — Paysage, moulin sur un cour d'eau.
Attribué à Hobbema. — Aquarelle, château en ruine.
Ecole Hollandaise. — Paysage, un moulin, des arbres.

Attribué à Hogarth. — Portrait d'homme à grande perruque.
Attribué à Hogarth. — Tête d'homme avec chapeau.
Hogarth. — Intérieur d'une boutique d'horloger.
Attribué à Holbein. — Tête d'homme, coiffure rouge.
Attribué à Holbein. — Tête de Saint Pierre, penchée.
Van Bayeren. — Nature morte, fleurs et fruits.
Van Bayeren. — Nature morte, raisin noir.
Ingres. — Portrait de Desdebans
Inconnu. — Grande dame, costume moyen-âge.
Inconnu. — Nature morte, panier de pois, etc.
Inconnu. — Tête d'homme penchée, attribuée à Van Dyck.
École hollandaise, attribué à F. Bol. — Portrait d'homme.
Genre de Chardin. — Panier de pêches.
Alfred Johannot. — Naufragé.
Jordaens. — Trois têtes de jeunes gens.
Jordaens. — Diane et Actéon.
Jordaens. — Son portrait et celui de sa femme.
Jordaens. — Tête d'homme, calotte noire.
Jordaens. — Vénus et Vulcain.
D'après Jordaens, par Ferdinand Perron. — Le Satyre et le passant.
Jouvenet. — La présentation au Temple.
Jeaurat. — Nature morte, objets de cuisine.
David Rykaert. — Nature morte, cuirasse, chaudron.
Pierre de Laar, dit Bamboche. — Vieille femme.
Lalanne, Maxime. — Château de Beauregard.
Lalanne. — Vue du château de Beauregard.
Lalanne. — Deux études à l'huile, d'après Turner.
Lambrech. — Homme assis à une table.
Lantara. — Groupe d'arbres, cascade.
Genre de Lantara. — Paysage, montagnes bleues.
Largillière. — Beau portrait d'un abbé.
Largillière. — Beau portrait de femme, manteau rouge.
Largillière. — Portrait d'une dame de la cour.
Largillière. — Portrait d'un magistrat.
Th. Lawrence. — Portrait du duc de Richelieu.
Lawrence. — Portrait de la duchesse de Sussex.
Tilborg. — Intérieur, le *Benedicité*,
Genre de Lenain. — Vieille femme, portrait.
Lepicie. — Tête de vieille femme, étude pour un de ses tableaux.
Lesueur. — Christ veillé par un ange.
Lesueur. — Allégorie, dessus de porte.
Lesueur. — Plusieurs figures, fragment d'un grand tableau.
Lesueur. — Un ange vu de dos.

Lesueur. — La Fortune avec sa corne d'abondance.
Ecole de Lucas de Leyde. — Adoration des bergers.
Genre de Philipo Lippi. — Trois anges debout, chantant.
Lievens. — Jeune garçon faisant des bulles de savon.
Genre de Claude Lorrain. — Grand paysage.
Claude Lorrain. — Coucher de soleil.
Claude Lorrain. — Dessin sépia, monuments.
Genre de Claude Lorrain. — Grand paysage.
Genre de Marilhat. — Marine, une mosquée.
Genre de Marilhat. — Paysage d'Orient.
Loeve Marchand. — Bélisaire, étude.
Mans. — Marchands de poissons au bords de la mer.
Hector Martin. — Paysage, groupe d'arbres.
Hector Martin. — Rochers de Fontainebleau.
Hector Martin. — Aquarelle, entrée de ferme.
Mekennen. — Trois panneaux, Christ, et les deux larrons.
Quentin Metzis. — La Vierge et l'Enfant Jésus.
Quentin Metzis. — Tête de Saint Jean.
Van der Meulen. — Louis XIV et son état-major.
Ecole espagnole. — Figure de Christ.
Attribué à Masaccio. — Tête de jeune homme.
Ecole de Murillo. — Saint Jean, enfant.
Attribué à Murillo. — Moine priant.
Ecole française. — Portrait de jeune homme.
Attribué à Van Orley. — La Vierge et l'enfant.
Attribué à Van Ostade. — Vieille femme faisant la lecture.
Oudry. — Nature morte.
Pagnest. — Etude d'homme, figure d'académie.
Parmesan. — Deux figures en grisaille.
Solumène. — Adoration des Mages.
Attribué à Patenier. — La Vierge, fond de paysage.
Ferdinand Perron. — Mme de Sévigné, écrivant.
Ferdinand Perron. — Esquisse d'après Watteau.
Ferdinand Perron. — Tête de jeune homme
Pointelin. — Etude de paysage.
D'après Paul Potter. — Trois bœufs dans un paysage.
D'après Paul Potter. — Etude, trois moutons.
Koninck. — Paysage, trois bœufs.
Meurant. — Paysage, chaumière, poules, etc.
N. Poussin. — Grand paysage en hauteur, fabriques.
N. Poussin. — Ajax se perçant de son épée.
Genre de Poussin. — Une bachanale.
Ecole de Poussin. — Paysage, allégorie.

Genre de Poussin. — Une famille de Satyres.

N. Poussin. — Sujet antique, deux figures de femmes.

N. Poussin. — Les jardins d'Armide, beau tableau.

Pradier. — Peinture, tête de Vierge.

Attribué à Prudhon. — L'innocence aux prises avec le vice.

Genre de Prudhon. — Enfants, amours, deux dessins.

Lardon. — Esquisse, l'Amour et Psyché.

D'après Raphaël. — Les trois grâces.

Rapin. — Entrée de jardin, effet de neige.

Rapin. — Paysage, bord de rivière.

Attribué à Keyser. — Deux portraits, esquisses, homme et femme.

Redouté. — Aquarelle, rose blanche, pensées.

D'après Rembrandt. — Homme coiffé d'un chapeau.

Ribéra. — Saint Sébastien, grand tableau.

Ribéra. — Saint Gerome.

Ribéra. — Saint Pierre.

Ribéra. — Portrait d'un architecte.

Attribué à H. Rigaud. — Le cardinal de Polignac.

H. Rigaud. — Un magistrat, robe rouge.

H. Rigaud. — Portrait de Regnard.

Leopold Robert. — Soldats italiens à la recherche de brigands.

L. Robert. — Tête de jeune fille.

Roos. — Napolitain, fileuse.

Genre de Th. Rousseau. — Paysage.

Th. Rousseau. — Paysage, coucher de soleil.

Roos. — Un prophète entouré de génies.

Ecole de Rubens. — Nymphe endormie.

Genre de Rubens. — Tête d'apôtre.

Rubens. — Deux figures allégoriques.

Attribué à Rubens. — Tête de vieille femme.

Rubens. — Hercule luttant contre un lion.

Allori. — Grand portrait de femme, avec les mains.

Schorel. — Jeune femme en buste.

Snyders. — Nature morte, vase d'or, homard, etc.

Snyders. — Chien blessé.

Snyders. — Deux phoques sur une plage.

Genre de Sodoma. — Le Christ au tombeau.

Van Spaendouk. — Fleurs, tulipes.

Subleyras. — Un père de l'Eglise

Attribué à Swanevelt. — Paysage.

André Tassis. — Paysage, une tour, etc.

Hue. — Un naufrage.

D'après Teniers. — Un cordonnier à son travail.

Teniers père. — Paysage, intérieur de basse-cour.

Terburg. — Portrait de jeune femme.

Tiépolo. — Prédication de Saint Jean-Baptiste.

Tiépolo. — Saint Roch.

Tiépolo. Dominico — La Circoncision.

Tiépolo. — Un grand dessin à la sépia.

Guerchin. — Un forgeron, figure nue.

Tintoret. — Le baptême du Christ.

Tintoret. — Portrait d'un médecin.

Tintoret. — Portrait, jeune homme, avec les mains.

Tintoret. — Deux portraits de sénateur, robe rouge.

Tintoret. — Portrait, une famille.

D'après le Titien. — La Vierge de douleur.

Genre du Titien. — Le duc de Ferrare.

Attribué au Titien. — Saint Christophe.

Genre de Troyon. — Ferme en Normandie.

Troyon. — Paysage, cours d'eau.

Troyon. — Etude de vieille femme, ébauche.

Troyon. — Aquarelle, vallée des Pyrénées.

Turner. — Un lac bleu au milieu de la campagne.

Ecole espagnole. — Nature morte, poissons.

Cerquozzi. — Nature morte, fruits, pommes.

Cerquozzi. — Nature morte, pommes, poires.

Ecole espagnole. — Nature morte, cardons.

Ecole espagnole. — Nature morte, réchaud, casserole.

Vernon. — Paysage.

Paul Véronèse. — Esquisse, Judith et Holopherne.

Ecole de L. de Vinci. — Deux peintures, Anges en adoration.

Simon Vouet. — Mort de la Madeleine.

Simon Vouet. — L'ange Gabriel.

Simon Vouet. — Sainte famille.

Simon Vouet. — La visitation.

Van Schupen. — Portrait de Boullé, astronome.

Attribué à Van der Weyden. — Portrait d'homme.

Van der Weyden. — Tête de moine penchée.

Winants. — Etude de terrain.

De Witt. — Intérieur d'église.

Ph. Wouwermans. — Paysage, pont.

Zurbaran. — La fuite en Egypte.